# 会社を殺さないための「事業承継」の教科書

最高の2代目は、
いかにして完成するのか

野見山勇大
YUTA NOMIYAMA



きずな出版

Prologue—

# 「あれ？　この会社、つぶれるんじゃないかな……」

「お父さん、１年間だけ会社を手伝ってもいいかな？」

ある日、父に電話を掛けました。

父は驚いた様子で、困惑しながらも少し嬉しそうに「わかった」と答えました。

学業が落ち着いてきた大学４年生のときに、父に、家業である溶接加工の会社を手伝うと伝えたのです。そのときはまさか本格的に就職することになるなんて、１ミリも考えていませんでした。

「１年だけだ。いままで大学まで行かせてもらったんだし、親孝行でもしてみよう」

本当にそんなことだけを考えて、父に電話したのでした。

私が入るタイミングでベテランの事務員が辞めるということもあり、経理の担当からスタートすることになりました。簡単な記帳や仕分け作業（経費を分類すること）、銀行の支払いなどの仕事が中心でした。いままで見たことのない会社の数字や法律などを自分なりに勉強しながら作業をしていたので、とてもやりがいがあり、会社についてどんどん理解していく自分が嬉しかったものです。

ただ、入社してから3ヵ月ほど経った日、会社のある問題点に気づいてしまいました。

「あれ？　この会社、つぶれるんじゃないかな……」

素人なりにも会社の数字を見ていて、今後の会社に起こりうるであろう危機を予測したのです。

父は典型的な職人型社長で、会計や税務などというよりは、持ち前のカリスマ性と温かい取引先に守られながら経営をしてきたのだと思います。そのため、いつも「何とかなる」を口癖にしていました。なぜなら、いままでだって何とかしてきた実績があるから。

これは仕方のないことだと思います。

**しかし、このタイミングで会社の転換をしなければ未来はない。**

そう思った私は、気づいたら「どうしたら、よりいい会社にできるのか？　どうしたら倒産の危機から救うことができるのか？」ばかりを考えており、自分自身が会社の改革をしたいと思うになっていました。

そこからは「1年だけ……」などとは言わずに正式に就職することを決め、大学の仲間が上場企業で新入社員研修を受けているなかで、私は現場に入って作業したり、軽トラックの運転の練習をして配送に行ったり、深夜まで毎日仕事をしていました。

そして、協力会社の社長や父などに相談をしながら、私が中心となって、会社の改革がスタートしたのでした。

もちろん、順風満帆にすべてがうまくいったわけではありません。

社員に何度も辞めたいと言われるたびに、「もう少し我慢してほしい」と説得したり、銀行の預金残高が26万円になったり、メインの取引先に頭を下げてお金を融通してもらったこともあります。

しかし、そんな大変な時期を乗り越えて、なぜここまで続けてこられたのかというと、社内にたくさんの宝があったことに他なりません。

たとえば道路業界で存在感のある商社との取引や、技術を必死に伸ばそうとする若手社員、高い技術力を持つ協力会社の存在に救われました。

さらには、会社のなかで改革が手つかずの箇所がたくさんありました。そのため、それさえ改善できれば再生できるという可能性も感じていました。

これらの人や状況に助けられ、ときには怒られ、育ててもらいながら、会社として少しずつ成長が感じられるようになってきました。

そして若手の職人が活躍し、顧客数や資金繰りなどの改善をしたことにより、会社は少しずつですが、大手の新聞社やテレビ局から取材を受けるようになりました。いま現在も、少しずつ前進している最中です。

私がおこなってきた社内の改革と、経営を私に委任してくれた父の判断は、結果的に正しかったと断言できます。

そんな私がなぜ、本書を書くことを決めたのか？

それには2つの理由があります。


1つめの理由は、今後、ロボットや新しい技術がどんどん広がるなかで、少しでも早く次世代の経営者に継がなければいけないから。そうしないと、あとに残された後継者が新たな時代に対応できないことに危機感があるからです。

2つめは、私が経営しているような町工場や中小零細企業は、情報がないだけで損をしていたり、他の人から搾取されていることがたくさんあるから。それを、私がおこなった改革を見てもらうなかで、実際に防いでほしいからです。


**つまり本書の目的は「適切な知識を得ながら早急に事業承継を成功させること」です。**

長い歴史がある製造業では、経験がある人が優遇されます。そのためもあり、世代交代が遅れがちになっています。

実質は会社のトップに立てるだけの人望や経験もあるのに、「代表取締役」という席に過度の恐れを抱いている人が多いと感じます。

しかし、考えてみてほしいのは、20代の私にできて40代にできないはずがないということです。まして50代や60代ならなおのことです。

**127万社に後継者がいないと言われている時代のいまこそ、ロボットや技術革新が進んでいるいまこそ、若くて新しい考えが必要になってきます。**

いままでの経験からでは導き出せないような答えを、経営者が出さなければならない瞬間が近づいている、私はそのように確信しています。

そのため多くの若い後継者に、私のように会社を改革してほしいわけですが、ここで大きな問題があります。

**ほとんどの会社は「経営者が譲りたくないと思っている」か「後継者が譲り受けたくないと思っている」のです。**

もちろん、これはまっとうな話です。いろいろな経営者と後継者の話を聞けば聞くほど、「確かにそういうこともあるよね」と感心して、納得してしまうだけの理由がありました。お互いの主張はまったく違うのにもかかわらず。

それは、お互いの認識が違う方向を向いていたり、進むべき道しるべが明確でないから起こる、ある種必然的な問題なのです。

そこで本書は、どのような後継者が適任であるのか？　そして、どのようなステップを踏んでいけば正しい事業承継ができるのかを、受け継いだ側の目線で書きました。

事業を売却しようと考えていたり後継者育成に悩んでいる経営者や、経営者との間がうまくいっていない後継者、さらにはそれらをサポートしている士業の先生やコンサルタントなどの専門家に読んでいただきたいと考えています。

「私は、１人で経営してきた」なんて言うつもりは微塵もありません。多くの方々に支えられてきたおかげで、いまは前進していると感じられるだけです。

そして、今後も1人で経営していくつもりはまったくありません。多くの仲間や先輩に支えられ、勉強しながら**〝町工場を世界で一番働きやすい場所にする〟**というミッションをかなえるべく行動していきます。

本書で紹介する具体的な引継ぎ方やテクニックを用いて、経営を改革していってください。そして質問やご意見があれば、ぜひ私までご連絡いただければ幸いです。

今後の時代を担うような新たな形の事業承継を、共に進めていきましょう。

Contents



Chapter 1

# いつまでも譲れない会社は、時代から遅れていく会社

Chapter 2

## 選んではいけないダメ後継者



Chapter 3

## やる気がある後継者を空回りさせる思い込み

Chapter
4

# 後継者育成度がわかる評価テンプレート

Chapter
5

# この5人を味方にする前に、会社を継ぐべからず

Contents

## Chapter 6
# 二人三脚で行かなければ、零細企業に明日はない

Chapter

1

# いつまでも譲れない会社は、時代から遅れていく会社

# 世代交代できない種族は滅んでゆく

生命力のある生き物の特徴は、世代交代が早いことです。

そして、これは会社も同様です。

いつまでも譲ることができない会社は、世代交代ができず、恐竜のように滅びの道を歩んでいくことになります。

いま、日本の企業が危ないことをご存じでしょうか。中小企業庁の発表によると、**高齢化により「譲れない会社」の割合は、じつに48・6%**（帝国データバンク『2017年後継者問題に関する企業の実態調査』より）に及びます。

その結果、２０２５年までに１２７万社が廃業して、６５０万人が仕事を失ってしまうとすら言われています。恐ろしいことですよね。

あなたの会社は大丈夫でしょうか？

これから先は、譲りたくても譲れない時代がやってきます。たとえるなら、バスケットボールで敵に囲まれて、パスを出したくても出す選手がいないようなものです。

私は製造業の2代目として、会社をよくするために、それまでの受注体制から大きく仕組みを変えようと奮闘していました。

ところが、社長である父からは経験不足ばかり指摘され、

**「そんなこともできないのに、何が改革だ」**

と、ことあるごとに言われていました。私が25歳のときです。

それでもめげずに、愚痴を言いながらも多くのチャレンジをしてきました。そうすると次第に父も私を認めてくれるようになってきたのです。

親というものは当然、自分の子どもには少しでもいい暮らしをしてほしいし、幸せになってほしいと願うものです。

だから、できるだけいい教育を与え、お金を残そうとします。

しかし親子の情だけで会社を譲ろうとすると、子どもだけではなく、従業員や、ひいてはお客さまにまで迷惑がかかってしまいます。私のまわりには、そのような状況で困っている経営者や後継者がたくさんいます。

私は後継者の会「Pre-Mane（プレマネ）」という勉強会を主催しています。

そこでは、私と同じように事業承継で悩んでいたり困っている仲間が、どのようにしたらスムーズに会社が引き継げるのかを学んでいます。

**この会では、後継者のことを、わかりやすいように「アトツギ」と呼んでいます。**

アトツギには、典型的な5つの障害がほぼ例外なくやってくることがわかっています。

まずはそこから、ご紹介していきましょう。

# アトツギが避けられない5つの障害

これからの時代は、従来のやり方では成功できません。バブル時代に成功したやり方は、確かにその当時はうまくいったでしょう。しかしこれからは通用しません。変化しないと生き残れないのです。

私の会社も元々は、典型的なブラック企業でした。そこから改革しようとすると、他の人は無理だと言ってきます。でも、「このままでは若手が全員辞める」「大口顧客の売上次第で会社がつぶれる」などと説得して、反対を押し切って改革してきました。

あとで社員に話を聞いた際に「あのままだったら絶対辞めていました」と言われたとき

に、自分がやってきたことが正しかったと、実感できました。

そもそも会社の引き継ぎというのは、変化をするということです。しかし問題は「変化＝脅威」だと会社のキーマンが思っていること。

アトツギの仕事は、彼らに**「変化＝チャンス」**であると説得することです。

つまりアトツギは、チェンジメーカー（変化を起こせる人）として、会社を変えていかなければならないのです。

では、事業承継には具体的にどのような障害があるのでしょうか。次の5つです。

**（1）明確な目標や計画がなく、行き当たりばったり**
**（2）先代から付き合いのあるお客さまの影響力が強い**
**（3）なじみのある金融機関との関係に苦労する**
**（4）古株社員や協力業者との力関係**
**（5）親子関係の問題を職場に持ち込む**

これがアトツギの前に現れる、典型的な5つの障害です。

幸運にも私は仲間や教育者に恵まれ、同業者が軒並み売上をダウンさせているなか、業績をＶ字回復させ、会社を生き返らせることに成功しました。

昨年は過去25年で最高売上を達成し、利益率は前年対比6倍と、やはり過去最高の収益を得ました。今年はさらに前年比の１３０％増の計画で体制を組んでいます。

このやり方を後継者仲間や他の社長にレクチャーしたところ、「そんなうまいやり方があるとは知らなかった」「私にも教えてほしい」「うちもやりたい」という声を多くいただきました。本書では、私がそのような同業者にアドバイスをする際に伝える重要なポイントについてまとめています。

**最初に私が断言したいのは、「事業承継は問題ではない」ということ。**

むしろ世代交代のチャンスをうまく使うことで、一気に社内の体制を強化し、いまの時代に合わせた強いビジネス基盤を築くことができるということです。

ただ、それには事業承継の際に起こる典型的な障害を知っておくことが大切です。

では先に挙げた５つの障害を、それぞれ見ていきましょう。

## （1）明確な目標や計画がなく、行き当たりばったり

多くの中小企業の社長は、自ら実務もおこなっています。そして、自分が中心で会社を回していることも多い。当然ですが、社長はとても忙しくしています。

そんな彼らには大きな問題があります。

それは、目の前の仕事ばかりに必死で、先を考えていないということ。

『金持ち父さん貧乏父さん』（筑摩書房）という名著のなかにある有名な考え方に「ほとんどの人はラットレースから抜け出せない」というものがあります。

これは、必死に働いてもいまの生活から抜け出せない大多数のことをいいます。ここから抜け出すには、他の人と違うことをしないといけません。

経営者は頭を使って、しっかりと計画を立て、仕組化することが必須です。

ここで、ひとつ例を挙げましょう。

トラックの運送会社が忙しくしていました。

その会社は仕事を次々に受けて、すべてのドライバーにその都度、指示を出しました。

指示を出し終え、ホッとした瞬間に、追加の注文を受けました。

でも、あいにくドライバーは全員、仕事が割り当てられていました。

もしすべての注文を一度集めて、段取りを組んでいれば、注文は他にも5件は受けることができたのに……。


このようなことが経営にも起こっているとすると、どうでしょうか?

「忙しい、忙しい」と言っていれば、次のようなことが起こります。

ある日突然、お金が全然ないと気づく。無駄な税金をたくさん払っている。社員が何も言わずに会社を辞めていく……。

これらのことは、経営者が行き当たりばったりだと起こりがちな問題です。

だから、会社を継ぐときに最初にやらないといけないのは、ビジョンを示すこと。これをしないと、いまやっている仕事が何のための仕事なのか、自分自身すらわかりません。

方向性が決まっていれば、些細なもめごとも減ります。

私の場合も最初に「若い社員がいつまでも働いてくれる会社」にすると決めました。そのおかげで会社の休みの取り方や、給与体系もすんなり変えることができました。

もしも、どのような計画を立てていいのかわからない場合には、勉強会や経営者の先輩に聞くのがおすすめです。「無計画は失敗を計画していることである」と、ある経営者が言っていましたが、まさにその通りです。

## (2) 先代から付き合いのあるお客さまの影響力が強い

親から子へと代が変わるときでも、お客さまが変わることは少ないでしょう。

なかには、アトツギの子ども時代を知っているお客さまがいることも珍しくない。彼らは業界や会社の内情、そしてあなた自身にも詳しかったりします。その際、どのように関係性をつくっていくのかは、難しいポイント。

先代の影響力が消えた途端に不利な条件を出されたり、アトツギとそりが合わずに取引停止になってしまうことも、実際あるからです。しかし大口の顧客であるほど、その関係性は会社の業績に大きく影響します。せっかくなら、うまく引き継ぎたいですよね？

そこで、私が使っていたのが「虎の威をかる狐作戦」です。

これは何かというと、現代表がいるなかでも、業務のすべてはアトツギに担ってもらうやり方です。そうすることでアトツギが多少失敗したとしても、現代表が頭を下げたり、最悪の場合、事後処理をすることによって、大きな問題にはなりにくいでしょう。

さらにアトツギが業務を担い続けていれば、いつの間にかそれが当たり前となっていきます。そうすると実際に引き継いだ際にも、違和感なく続けられる可能性が高いということになります。よく「お前にはまだ早い」と任せない経営者がいますが、代表を退いてから任せるほうが、よっぽど危険です。

## （3）なじみのある金融機関との関係に苦労する

会社を経営していくうえで、お金は大切です。最も大切といってもいいでしょう。なぜなら、お金がなければ会社を継続できないから。

そんなお金の問題で経営者が基本的に相談に行くのが、銀行をはじめとする金融機関です。彼らはお金があるときには融資の提案に来てくれますが、いざピンチになったときには、お金を貸してくれないこともあります。

厳しいと思うかもしれませんが、これは当たり前のことです。

あなたは、借金まみれでいつも返済が遅れる友達にお金を貸したいと思いますか？　返済の可能性が低いので、できれば貸したくないはずです。銀行も同じことを考えます。だから何事もなく返済をしてくれる信用のある得意先を大切にするのです。

そんな彼らにとって、経営者が変わるというのは一大イベントです。

なぜなら経営者が変われば、経営も大きく変わる可能性が高いから。だからこそアトツギが信用されないと、急に買収の話を持ってきたり、融資が出にくくなったりします。

そうならないように、銀行業務には早いうちから関わるようにしましょう。

同時にアトツギは銀行や保証協会の仕組み、決算書の見方もある程度は勉強しておく必要があるでしょう。知識も経験もない後継者ほど、不安なものはありませんから。

# (4) 古株社員や協力業者との力関係

いざ事業承継をおこなおうとすると、ときには社内や協力業者とすら衝突が起こります。アトツギがやる気になっていたとしても、まわりに反対勢力がいたのでは、改革や新しい経営を進められません。

よくあるのが、先代と共に歩んできた古株社員や協力業者との関係でしょう。

彼らは、**「会社を支えてきたのは自分たちである」**という自負があります。にもかかわらず、突然アトツギが仕切り始めたのでは、複雑な気持ちになるのも当然です。

しかし、彼らの協力なしに会社を存続していくことは不可能。だからこそ先代は、彼らにアトツギを助けてくれるように頼んでおかなければいけません。長年、自分と事業をおこなってきた先代から頼まれたのであれば、ノーとは言わないでしょう。

そのうえで、アトツギは彼らとの関係を必死でつくっていく必要があります。相手のほうが仕事もできるし内情にも詳しいなか指示をするのは、簡単ではありません。

しかし、会社を変えていくにはリーダーシップを発揮することが大切です。とにかく自分から接触して、彼らのことをまず理解しましょう。そのうえで、一緒に共通のゴールをつくっていきましょう。

## (5) 親子関係の問題を職場に持ち込む

これは最も典型的なパターンとも言えるでしょう。

親は子のことを育ててきました。そんな子どもから反対意見や否定的な意見が出たら、親はどう思うでしょうか？　会社に対するアイデアを言われただけでも、なぜか自分の存在を否定されているように感じるかもしれません。

逆に子どもは、親は自分のやりたいことをかなえるもの、自分がやりたいことを応援するものと思っています。そうすると厳しくされたり、叱られたときにも、なかなか素直になれません。このため感情の衝突が起きます。

他の人には言わなくても、家族にはきつく言ってしまったという経験は誰しもあるでしょう。親しいからこそ、甘えが出るのが親子関係です。そして、親が強かったり子が強かったり、力関係があるからなおさら厄介なもの。

いずれにしても、少しでも仕事に親子関係を持ち込まないように、相手を一人の人間として尊重することから始めましょう。お互いに敬語を使って、「さん」づけや役職で呼ぶようにしている会社もあります。

ただ、最終的にはアトツギの意見を尊重したほうがいいと私は思います。

なぜなら、今後会社を経営していくのはアトツギだからです。自信を持ってアトツギには自分の意見を主張してほしいです。

ここまで、よくある5つの障害を見てきました。あなたの会社にも当てはまるところがあったかもしれません。でも安心してください。同じように悩んでいる会社が日本中にあります。問題を見つけることができれば、あとは解決するだけ。

さてここからは、あなたがアトツギの立場だとしたときの「現在地」を確認していきましょう。やるべきことがさらに明確になるはずです。

# 4つしかない引継ぎプラン

事業承継には、４つのパターンがあります。

ここでは、あなたの立場がどれに該当するか見ていきましょう。

次のページの図を見ながら、客観的に判断してみてください。

あなたの現在地はどこでしょうか？

それぞれに特徴がありますが、いずれにしてもいまの自分が何をすればいいのか？　その分析が道しるべになります。

## 4つの引継ぎプラン

| | 経営者賛成 | 経営者反対 |
|---|---|---|
| 後継者賛成 | 共通のビジョンをつくっていく<br>株式の譲渡、退職金の設定<br>後継者の実務を支援<br>**理想の勝ちパターン** | 経営者は完璧主義を捨てる<br>後継者の改善点を指摘する<br>能力アップの研修を活用する<br>**すれ違いパターン** |
| 後継者反対 | 後継者は完璧主義を捨てる<br>経営を体験させる<br>期間を区切り、継ぐか決定する<br>**自信欠如パターン** | M&Aや売却も視野に入れる<br>新たな後継者候補を探す<br>両者間で話し合いの場を設ける<br>**再検討パターン** |

では、それぞれ見ていきましょう。

## 【理想の勝ちパターン】

このパターンは事業承継が計画的に進みやすいです。

なぜなら、お互いに進むべき道が見えているから。親子で引継ぎの時期が決まっていたり、社内ですでにアトツギが経営を始めている場合も多いでしょう。

肝心なのは期限を決めること。そうしないとお互い「**いつかは継ぐ**」と言って事業の引継ぎが遅くなってしまいます。

「**明日にでも渡したい**」と言う経営者に限ってズルズルと渡せないというのは、よくあるパターンです。長引けば長引くほどアトツギの負担が増えますから、引継ぎのスピードを上げましょう。

また、会社の株式に関する手続きや、経営者の退職金はどうするのかという話し合いは進んでいるでしょうか？　計画を立てていない場合、想定外の出費になってしまいます。

このあたりは顧問税理士を中心に進めていきましょう。

## 【自信欠如パターン】

このパターンは多くの場合、アトツギに自信がないことが問題です。

「そろそろやってみたらどう?」と聞かれても、「まだ自分には早いよ」と答えます。

大抵は、いまの社長と同じくらいの能力や経験を得たら引き継ごうとします。

しかし、これは不可能です。

なぜなら、いまの経営者はその立場になってから能力をつけたからです。

昔から立場が人を育てると言いますが、まさしくこの考え方通りです。人間関係も、すべての人が最初から言うことを聞いてくれないかもしれません。ただ、会社のために努力していくうちに、まわりからどんどん認められて、自然と自信もついてくるのです。

いまの自分ではなく、理想的な経営者をイメージして、その人になっているつもりで、チャレンジしてください。

## 【すれ違いパターン】

このパターンは複雑です。アトツギの努力不足のこともあれば、経営者が自分の居場所を守るために反対することもあります。明らかに能力がない人に任せると経営が傾きますので、慎重な判断も求められます。しかし先代と同じ能力がついたら任せるという考え方は間違っています。それでは永久に引き継げないからです。もし明日、現経営者に何かあったらどうしますか？　任せていかなければ、もしものときの対応ができません。

「なぜ自分が引き継ぎたいと思っているのか」という理由が明確にないようなら、まだ引き継ぐには早いかもしれません。引き継ぐ理由を明確にして、将来の会社のために1日でも早く先代の説得をしてください。

## 【再検討パターン】

このパターンは、場合によっては廃業や会社の売却も考えたほうがいいでしょう。経営は体力的にもメンタル的にも決して簡単な仕事ではありません。中途半端な覚悟でやるようなものではありません。社員や取引先を守るためにもここは、厳しさをもって決断しないといけません。

会社を継ぎたくなければ、1日でも早くそのことを現経営者に伝えて、会社から出ていきましょう。

事業承継は、ハレー彗星のように何十年かに一度やってくる変革の大チャンス。

このような機会がなければ、真剣に将来を考えることがない人も多いでしょう。だからこそ本当はどう思っているのか、素直に話し合いをしましょう。そうすることによって、辞めようと思っていた人が会社を継いだり、やろうとしていた人が辞めようとしたりすることもあります。でも安心してほしいのは、1人で考えなくてもいいということです。

本書をしっかり読んでもらえれば、会社を継ぐということのやりがいや苦労を疑似体験することもできます。後悔しない決断を下しましょう。

# 「俺がいますぐ会社を継いでやるよ」

私は、入社後すぐに経営ができるものだと思っていました。
だからこそ、父親に新たな提案をしましたが、ほとんど却下。完璧に論破されました。
自分の力不足、経験不足を実感しました。
当然ですが、会社はやみくもに引き継げばいいわけではありません。
適切な準備をして、しっかり取り組まなければなりません。
ここでは、そんな事業承継の目安について見ていきましょう。

## 事業承継フローチャートと可能性の目安

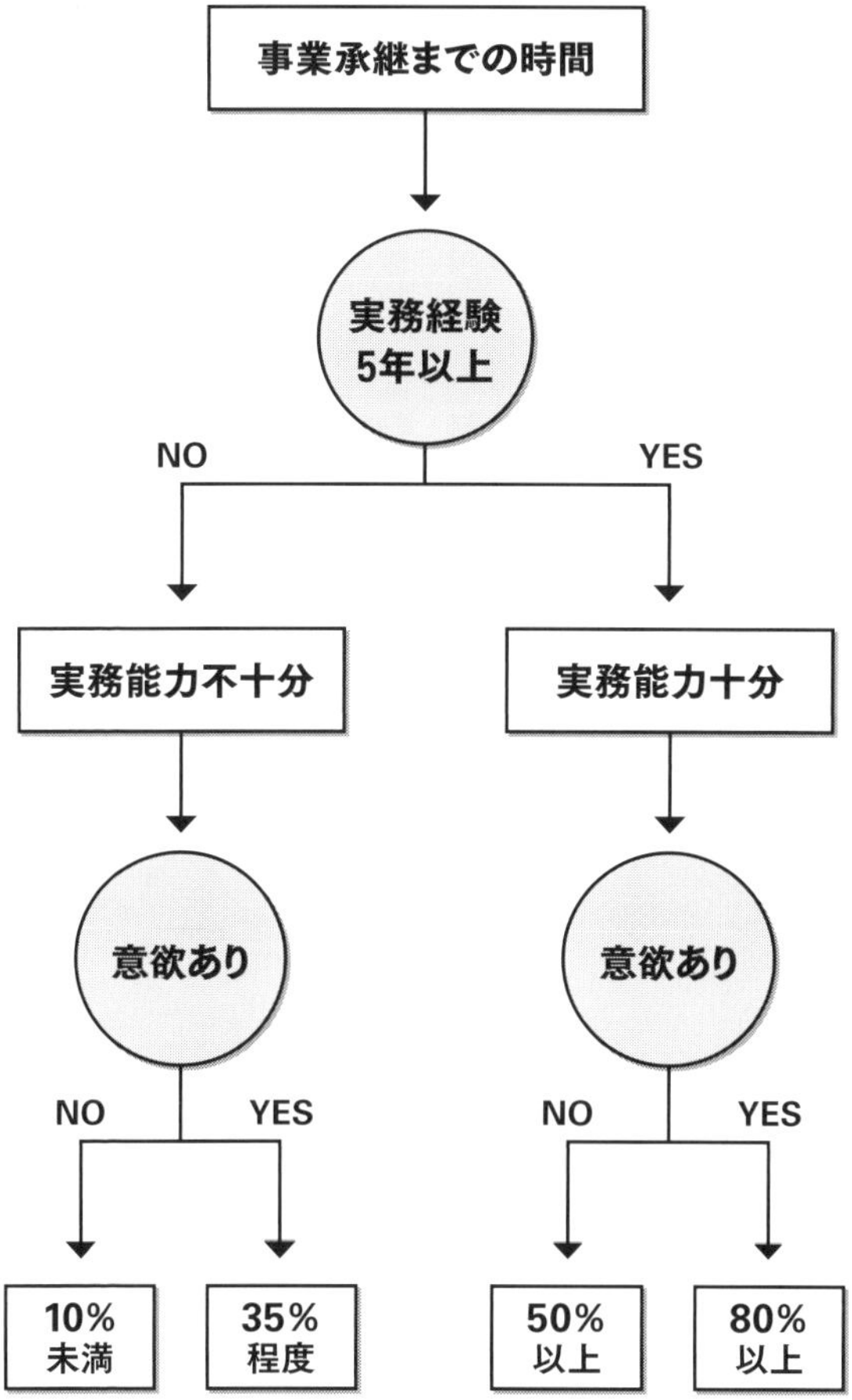

このフローチャートの通りに見ていきましょう。
まずは、実務経験（現場での経験）が5年以上か？ そして経営に意欲があるのか？
それを場合分けしていきます。

**①実務経験が5年以上、会社経営に意欲が高い↓可能性80％以上**
**②実務経験が5年以上、会社経営の意欲が低い↓可能性50％以上**
**③実務経験が5年以下、会社経営に意欲が高い↓可能性35％程度**
**④実務経験が5年以下、会社経営の意欲が低い↓可能性10％未満**

それぞれ見ていきましょう。

## ① 実務経験が5年以上、会社経営に意欲が高い

実務経験が5年以上あると、一定の技術や能力が身に着きます。

部署がたくさんあるとわからない箇所も出ますが、問題なし。

経営者がすべてできる必要はないからです。

自分にない能力を持つ社員に協力してもらうのがウデの見せどころ。すべて完璧にしようとすると、一生かかってもできません。

なので、中心となる事業での経験があれば大丈夫です。

安心してほしいのは、実務経験が5年以上あり、基礎的な経験や知識があるので、あまりにもトンチンカンな発想は生まれにくいこと。

逆に注意すべきは、会社の役職者が、**「なんであいつが急に仕切りだしたんだ？」**と受け入れられない場合でしょう。

そんなときに、アトツギのリーダーシップが試されます。

生き残るためのビジネスモデルやビジョンを打ち立て、会社を改革していきましょう。

スティーブン・R・コヴィー博士の世界的名著『7つの習慣』（キングベアー出版）にあるように、まずは相手のことを理解できたなら、あなたの成功はすぐそこにあります。

## ② 実務経験が5年以上、会社経営の意欲が低い

先ほどと同じで、実務の能力はあります。

この場合の「意欲がない」というのは、2つに分かれます。

1つめは、「自分にはできる自信がない」というもの。

先代と自分を比較して自信がない。私からしたら、それは当然としか思えません。経営をやる前から先代より優れているなら、いますぐ後を継げるからです。

前述したように、立場が人を育てるのですから、やるほどうまくなります。

私も経営を始めたころは、何をするにもいつも知り合いや他の会社の人にやり方を聞いていましたし、自分のミスで100万円以上失ったこともあります。

2つめは、「そもそも、やる意欲がない人」です。

そんな場合はスパッと辞めるのも得策です。やりたくなくてもやれるほど甘い世界ではありません。いまは会社の売却が活発な時代です。一度検討してみましょう。

そのうえで、経営者になると得られるものやできること（お金、人間関係、時間、社会的成功、貢献）が魅力的に映るのかを考えます。

もしそれでもやりたくなければ、引き継ぐという選択肢は外すのが得策です。売却や外部の経営者を呼ぶなど対策をしてください。

## ③ 実務経験が5年以下、会社経営に意欲が高い

ある程度の実務経験はあったほうがいいというのが、私の持論です。

とくに中小零細企業の場合、経営者自身が実務を兼任することがほとんど。社員は基本的に経営とは何かを知りません。なので、社長はゴルフばかりして遊んでいると思っている社員すらいる有り様です。そんな印象を持たれているなか、実務があまりにもできないとなると、なめてくる社員も残念ながらいます。

だからこそ、よほど経営手腕に自信がない限りは、実務も一定レベルまで引き上げましょう。

そうすることで、指示の質が上がるので、社員も安心することができます。

また、経営に意欲があるのであれば、どんどん決算書を見たり、会社がどのように営業戦略を立てているのか、または給与水準も確認しておきましょう。アトツギに求められるのは、先代がつくってくれた資産を活用して、改革をする力です。

## ④ 実務経験が5年以下、会社経営の意欲が低い

そもそも会社を引き継ぎたいか決まっていない。始めたばかりという方や、やってはみたけど親子の関係に嫌気がさしているような人がこちらです。

なぜそんなことになるのかというと、仕事ができないことを理由に指導されるたびに、それにイライラして仕方がないからです。

もしアトツギが、仕事ができなくてやりがいも感じられないなら、まずは石の上にも三年で、能力を高めるようにしましょう。

仕事ができると急にやる気が出てくる人もいます。

また、親子関係でもめているなら将来について一緒に考えてみましょう。きっと、応援したくて厳しくしている場合がほとんどです。

さあ、どうだったでしょうか？

事業承継といっても、いろいろな状況や事情でさまざまなパターンがありました。

そして、ここには書いていないですが、退職金や株式の問題など、まだまだ考えるべきことは他にもあります。

引き継ぐほう、受け継ぐほうは、それぞれの思いがあります。だからこそ、この項目を参考にして、現在の位置をチェックしてください。

# 「会社が安泰」は単なる幻想

恐竜は氷河期になった途端に絶滅してしまいました。では、あなたは「いま人間にとっての氷河期が来ている」と言われると、どう感じるでしょうか？

英オックスフォード大学でＡＩ（人工知能）などの研究をおこなうマイケル・Ａ・オズボーン准教授は、今後の10～20年で現在の半分以上の仕事が失われると予測しています。

つまり我々にとっての氷河期とは、ＡＩやロボットの急激な進化のことを言います。

実際に、昔は駅の改札には切符を確認する駅員さんがいましたが、いまではＩＣカードや電子改札が、その仕事を奪いました。

同じようなことが、自動運転の技術やロボットによる接客、機械の自動化などを通してどんどん増えていきます。

そんな時代のなかで、昔ながらの考え方だけをしていたらどうでしょう？

たとえば、「**いいものをつくっていれば売れる**」「**お客さまは神さまだ**」など、とてもではありませんが、時代遅れとなってしまいます。

しかし残念ながら、そんな状況を現実と思えない人が大多数を占めます。

いまは仕事があるし、お客さまも喜んでくれている、うちは大丈夫だと思いたい。そしてたとえそんな時代が来ても、そのときに対処できるだろうと。

しかし、本当に大丈夫と断言できますか？

このような環境に気づいてはいるけど、行動できない人は恐竜と同じ道を辿るでしょう。

**だからこそ、アトツギが会社を変革することが必要なのです。**

ＡＩやロボットについて勉強して、どのような時代が来るのか予想するのもいいでしょう。また、会社のＩＴ化を進めていくのもおすすめです。

今後は人口がどんどん少なくなっていきます。だから、機械に任せられるところはどんどん任せるべきなのです。

そして、人の変化にも目を向けていかなければいけません。以前は、「24時間働けますか?」というCMが流れたり、「いつかはクラウン」というキャッチコピーが流行るほど〝長時間労働をしてでも、いい暮らしをしたい〟という考え方が大半でした。

**しかしいまは、給与よりも休みを優先したい、仕事以外の生きがいを見つけたいなど、価値観がかなり多様化してきました。**

欠勤などの連絡も電話ではなくＬＩＮＥを使う人もいます。残念ながら、そちらが主流派となっていきます。そういった人に合わせた経営をしないといけません。

こんな時代だからこそ、新たな価値観、創造力、知性が求められています。

１日でも早く、いい事業承継を進めていきましょう。

# ゆとり社員が活躍できる会社づくりが急務

「ゆとり世代」が具体的にどの年代かご存じですか？　厳密な定義はありませんが、基本的にはゆとり教育（2002年度から2010年度まで実施）を学校教育中に受けた人のこと。年代としては、1987～2004年生まれが当てはまります。

彼らは、ゆとり教育により学習能力だけでなく、競争心がなくなったと言われています。さらにIT化が進み、対面でのコミュニケーションが減ったことによる問題も起こっています。

このようなきっかけで近年、人の価値観は大きく変わってきました。

会社の改革をするにも、その前提となる社員がいなくなってしまったのでは、やりようがありません。だからいま、ゆとり世代の社員が活躍できるような改革が急務なのです。

バブル時は、人が辞めても次に採用をすることがそこまで難しくなかったと聞きます。しかし、驚くべきスピードで少子化が進み、大手が人材の囲い込みを始めた現代では、小さな会社が優秀な人を採用することは困難です。なので大手ではなくて、あなたの会社に来たいと思える会社にしなければなりません。

あなたの会社は、真剣に人事戦略を考えていますか？　もし考えていないのであれば、手遅れになる前に取り掛かりましょう。

私たちの会社も「トヨタ式人事制度」をもとに対策に取り組んでいきました。詳しくは第6章で述べますが、ここでは基本的な内容について見ていきましょう。

まず、改革をするうえでのポイントは3つあります。

**改革のポイント①「給与基準を明確化する」**

**改革のポイント②「若手が高い給与を取れる仕組みづくり」**

**改革のポイント③「社会とのつながりを意識させる」**

それぞれ見ていきます。

## 改革のポイント①「給与基準を明確化する」

なぜ、給与の基準を明確にしなければいけないのでしょうか？
それには2つの理由があります。
「目標設定に役立つ」ことと「客観的な評価ができる」ことです。

**・目標設定に役立つ**

どうやったら給与が上がるのか知りたい。そう思っている社員は多いです。
私が研究した日本マクドナルドや、以前勤務していた吉野家でも、例外なく明確な給与基準がありました。「〇〇ができたら時給が上がる」ということがマニュアルにあるのです。

そのため、次に成長するための目標を立てやすいのです。これは社員の成長だけではなく、モチベーションアップにも効果があったと感じました。

### ・客観的な評価ができる

評価をするほうもされるほうも人間です。つい偏見をもってしまいます。そのため、どうしても不公平な評価になりがち。

しかし、明確な給与水準があれば、大きく改善することができます。

評価者は、その基準に当てはまっているかどうかを判断するだけで済みます。

それでは、具体的にどのように給与水準をつくっていけばいいのでしょうか？

つくったことがなかったり、長い間、基準を更新してない会社もあるでしょうから、明確な給与水準をつくるステップについてお伝えします。

## 給与水準をつくる4つのステップ

①仕事の熟練者を選ぶ

↓

②仕事を細かく分類する

↓

③項目に金額を割り振る

↓

④現在の給与と比較する

## 【ステップ1】仕事の熟練者を選ぶ

社内で一番仕事ができる人を選びます（過去の社員でも可）。その人があなたの会社のモデル社員です（いなければ同業者や知り合いも可）。もし、技術はあるけど人格に問題がある場合は、2人以上のいいところ取りをしても構いません。

## 【ステップ2】仕事を細かく分類する

そのモデル社員がやっている仕事の内容を、小分けにしていきます。

たとえば飲食店の店員をイメージしてみましょう。次のようになります。

・お客さまが来たら挨拶をする（元気に、適切なタイミングで、笑顔で）
・席まで案内する（適切なタイミングで、適切な言葉がけで）
・オーダーを取る（適切なタイミングで、適切な言葉がけで、メニューの内容を把握）
・食事を運ぶ（適切な配膳方法で、運ぶ順番を把握し）
・会計をする（適切なレジ操作をし、礼儀正しく）
・見送る（元気に、適切なタイミングで、笑顔で）

・その他の時間の作業（皿洗い、惣菜づくり、机の清掃）

などに、分けてみるとします。

そして、それぞれを客観的に誰でも納得できる項目に分けていきます。

たとえば、接客の用語が20種類あるとすれば、「適切にそれらの意味と言葉遣いを暗記している」。または「レジ操作を1人でできる」。もしくは「お金を預かってから15秒以内にお釣りとレシートを返す」などもいいかもしれません。このようにこまかく分けていくのです。

**【ステップ3】項目に金額を割り振る**

最初は慣れないかもしれないので、定量化（数に直していく作業）が得意な人にお願いしてつくっていくのもおすすめです。先の例でいえば、「接客用語を覚えたら基本給1000円アップ」などと決めていくのです。

**【ステップ4】現在の給与と比較する**

いままでの給与水準を新しいものと比較します。ほとんど変わらなければそのまま新制度に移行。大きく変わるときは調整が必要です。そして、基本的にいまより給与が下がることはないように注意してください。

新しい人事制度になった途端に給与が下がるのであれば、誰もやる気にならないです。詳しくは、第6章で述べるトヨタ式人事制度の項目にありますので、こちらで学びましょう。

## 改革のポイント②「若手が高い給与を取れる仕組みづくり」

お金がすべてではない、という人がいます。もちろんそうです。お金を払っているんだから言うことを聞け、ではうまくいきません。ですが、お金はとても大切です。

だからこそ、年齢が若くても能力がある社員には、しっかり給与を払いましょう。

なぜならば、自分の力が認められないと他の会社に行ってしまうからです。

年功序列を残したいなら、せめて半分は成果給にして、残りを年齢給にするのもありでしょう。

給与にはその会社のメッセージがあります。たとえば年功序列であれば、長く勤めてくれた人を評価します。完全成果主義であれば、成果を出した人を評価します。

まったく実力が認められないというのは、若手社員の意欲を低下させるのです。さらに、大手も人材の囲い込みを進めています。条件面で勝てない中小企業もせめて、給与水準は近づけていきましょう。

## 改革のポイント③「社会とのつながりを意識させる」

我々は仕事をして社会に貢献しています。それは紛れもない事実。

ただ、中小零細企業の製品は、完成品ではなく、部品づくりの仕事が大半です。なので完成品を見ることは少ないかもしれません。

そうすると、自分の仕事が他の人にどう影響しているのかわからなくなります。

この課題を解決するため、弊社では数多くの取り組みをおこなっています。

たとえば家族&社員向けの会報誌を毎月発行し、そのなかで、つくった製品がどのように使われているのか、もしくはどんな場所で使われているのかについて、情報を提供しています。また、弊社は溶接の会社ですので「溶接アート大会」というものを開催し、一般の方に見学に来てもらったり、動画などにして発信もしています。

実際に目で見たり、家族や友人との話題になると、社員も自分の仕事への価値を感じられるでしょう。こうすることで、ただ作業するのではなく、自分の仕事の影響も実感できます。

さて、第1章では、事業承継に必須な基本内容をお伝えしました。技術の発展や働き方・考え方の変化についても触れてきました。そこでトヨタ式人事制度や新たな戦略を持たなければいけなくなりました。古い体質からの脱皮と変化が急務なのです。

続く第2章では、選んではいけない後継者の特徴を明らかにします。他人のことだと面白おかしく見えるかもしれません。しかしご自身としっかり照らし合わせて、改善すべき点が見つかったら修正しましょう。

Chapter
2

# 選んではいけない
# ダメ後継者

# こんなタイプには継がせるな！

アトツギにもいろいろなタイプがいますが、じつは「こんなタイプは会社を継いではいけない」というものははっきりしています。それをご紹介しましょう。

**・タイプ1　ドラ息子・娘型（親からの資産を当たり前だと思う人）**
**・タイプ2　過保護のいい子ちゃん型（失敗を過度に恐れる人）**
**・タイプ3　引きこもりの臆病型（人とのコミュニケーションが苦手な人）**

タイプ1は、子どもの頃から甘やかされ、「社長の息子さん」「ジュニア」「若社長」などと呼ばれて、その気になっています。しかし先代の苦労を理解しておらず、「親父のやり方は甘い。間違ってる」などと周囲に言って回ります。でも、いざ同じ立場に立ったら、結局事業の回し方がわからず会社をつぶします。

タイプ2は、親の言うことは絶対で、親に言い返せず主張できないタイプ。「苦労なんてすることないんだから、ウチの会社に来い」と言われて入社。親に逆らえず、いつも決められた道を歩いています。立場上指示を出すのですが、従業員や経営幹部はじつは納得していません。親が引退した途端、力のあるスタッフの離反、客数低下、倒産、再就職というコースを辿ります。

タイプ3は、「家でも外でも人とほとんど話さない」というタイプ。会話をしたくないので、いつも1人で仕事をしています。親戚にも「あの子は大丈夫かな」と心配をかけています。頭はいいけれど、他の人とは接したくない。社員とも距離を置くので、会社の管理はまったくできなくなっていきます。

さて、ここまで読んでどうでしょう？

もし「**ウチのことだ**」「**自分のことだ**」と思ったら要注意です。

でもこの本を読んでいるあなたには、逆転のチャンスがあります。仕組み化と数値化で、会社の構造を変えてしまいましょう。

**ほとんどの中小企業の経営者は、人に依存した仕事のやり方になっているはずです。**

しかし、それでは人が変わったら会社が変わってしまい、「個人の優劣＝業績」となり、業績の波が激しい会社のままです。

トヨタ式の経営改革をおこない、どの担当者でも一定の高水準を保てる仕組みをつくりましょう。ちなみに第6章では、その具体的な方法を挙げています。

ではこのあとは、それぞれのタイプ別に深掘りしていきましょう。

# ドラ息子・娘型（親からの資産を当たり前だと思う人）

ある会社では、アトツギがベンツのオープンカーで初出社したそうです。当たり前ですが、他の社員からは「ボンクラ息子が出社してきた」と陰口を叩かれます。これで仕事ができないとなると、本当に悪夢です。先代の手前、ヘタなことは言われないでしょうが、引き継いでからは何を言われるかわかりません。

**確かにアトツギとして会社に入る場合、元々あった人・モノ・金を活用することができるのは大きな利点です。**

しかし間違えてはいけないのは、その資産をつくったのはアトツギではないということなのです。

先代と社員が必死に築いてきた結果が、いまの会社の状態です。

会社の現金・預金、お客さまや仕入れ先、銀行や会計事務所とのつながり、社員や会社のノウハウなど……それをアトツギがゼロからやろうとしたら、どれくらいの時間が必要になるでしょうか。

昔から「親の心子知らず」と言いますが、まさにこれです。どれだけの苦労をしてきたかを考えられないアトツギは本当に多いのが現状。

だから、自分は会社の資産は使って、高所得を取ったり、自由に仕事をしているにもかかわらず、社員の批判ばかりするのです。

私は会社の再建をしました。銀行と交渉をして返済の金額を減らしたり、残業を30％削減したり、給与も平均30％ほどアップしました。

もちろん簡単に進むわけもなく、嫌なこともたくさんありました。

お客さまに頭を下げて、お金を融通してもらったこと、相談する人みんなに不可能と言われたこと、改革中に社員から辞めると言われたこと……数えきれないほどありました。その経験があったからこそ自信を持てたわけです。

しかし、気づかない間に自分だけで成し遂げたと思っていました。冷静に振り返ると、うぬぼれていたなと思うわけです。

悪条件のなか私を信じ続けてくれた社員がいなければ、改革はできていませんでした。私のことを信じて経営を託してくれた先代がいなければ？　技術力のある社員がいなければ？　支えてくれる仲間がいなければ？　メイン銀行に見捨てられていたら？　その考えが完璧に抜け落ちていました。

**アトツギとして、助けてくれる人や会社の資産があることに目を向ける必要があります。**

もしあなたの理想ではなかったとしても、その土台のおかげで仕事ができています。先代の資産が理想的ではないなど、当たり前です。なぜか借金だけ背負わされた人もたくさんいます。ですが、まずすべてのことに感謝する。その姿勢が必要なのです。

# 過保護のいい子ちゃん型（失敗を過度に恐れる人）

アトツギと話していて驚くことがあります。60歳を過ぎてもなお、先代がいなければ決断できない人がいるのです。いつまでも甘えて自分で判断しないと、先代がいなくなったらどうなるでしょうか。何も決められないポンコツ社長になってしまいます。

**自分の意思決定が不安であれば、先代がいる間に、決断をする練習をしておきましょう。**

先代の力が強すぎるワンマン会社に、このタイプは多いです。先代が言うことが絶対、反対意見があったとしても面と向かって言うことができない。

そんな雰囲気で仕事をしていれば、社員もお客さまも不安で仕方ありません。

だからこそ、アトツギは自分の意見を主張できなければいけません。そのためには、まずアトツギであるあなた自身と向き合うことが大切です。

次の4つの質問に答えると、あなたの現状が見えてくるでしょう。

**・あなたのゴール（達成したい成果）は何ですか？**
**・あなたはなぜ、そのゴールを達成したいのですか？**
**・そのゴールを得たとき、あなたはどんな状態ですか？（心境、姿勢、表情）**
**・そのゴールを得られなかったとき、あなたは何を失うでしょうか？**

どうだったでしょうか？　その答えこそ、あなたが前に進むことができる目的です。そしていつも目的を忘れず、そのゴールをかなえられるように自己研鑽に励みましょう。

しかし、ここで問題があります。人間はとても弱い生き物で、やろうと思ってもなかなか行動に移せません。先代が怖い、反対されたくない、失敗したくない……など。

普段あなたがおこなっている行動が、いつものように出てきてしまいます。

だからこそ、目的をかなえるための環境をつくる必要があるのです。

**私のおすすめは、良質な研修の活用です。**なぜならアトツギに圧倒的に足りないのは、経験と知識だからです。経営の神様ピーター・ドラッカーも「21世紀に重要視される唯一のスキルは、新しいものを学ぶスキルである」と明言しています。

アトツギに経験がないということは、革新の可能性とリスクを併せ持っています。そこで、リスクを下げつつ革新的な取り組みをするために、良質な研修を活用するのです。ちなみに研修については第3章で詳述します。

やみくもに経験を積んでも品質が上がるとは限りません。それよりも原則に基づいて、考えられる力が大事。先代は、それまでの経験を踏んだうえで判断できますが、アトツギは違います。アトツギは決してスーパースターになる必要はない。だが、賢い経営者になる必要があります。

そうすれば、自然と自分に自信がついてくるでしょう。さらに研修で同じ境遇の人と会うことにより、自分の悩みを聞いてくれたり解決につながります。

# 引きこもりの臆病型（人とのコミュニケーションが苦手な人）

少し攻められると、黙ってしまう人がいます。そんな人に多いのがこのパターン。基本的には自分の意思表示をすることはなく、人と関わることもありません。そのため、ルールを守らない社員が出てきて、会社組織として機能しないこともしばしばあります。

経営者の仕事は何でしょうか。会社の売上の拡大？　ビジョンを決めて方向性を示すこと？　社員を採用して教育すること？　自社を価値あるブランドとして打ち出すこと？　これらすべてが経営者の仕事です。**いずれにしても、経営者がやることのすべてに、人とのコミュニケーションが関係します。**

だからこそ、このスキルがなければ仕事ができません。

これは、組織が大きくなるほど影響してきます。

あなたがアトツギだとして、「人と関わりたくない」とか「人と接するのが億劫《おっくう》」と思っているとどうでしょうか？　会社はバラバラになり、お客さまの信用も落ちていきます。

コミュニケーションの達人になる必要はありませんが、苦手ならレベルアップが必要です。人と話すのが怖い場合は何かトラウマが考えられるので、コミュニケーションの講座を受講してもいいかもしれません。個人的にはハイパープレゼンテーション&マインドブレークスルー（ワールドクラスパートナーズ社）という講座がおすすめです。

そもそも、基本的にコミュニケーションは左の通りとなります。


**【コミュニケーション＝コミュニケーションの量×コミュニケーションの質】**


だからこそ相手を理解して、相手との接触頻度を増やしていかなければいけません。

具体的には、次の3つのテクニックがそんなアトツギを助けるでしょう。

## テクニック1「相手に興味を持つ」

「他人に変わってほしければ、自ら率先して変化の原動力となるべきだ」と、インドのガンジーが述べた通り、まずはアトツギ自身が変わる努力をしなくてはなりません。

コミュニケーションのスタートは相手に興味を持つこと。何を大事にしているのか？いまの仕事をなぜやっているのか？　趣味はあるか？　などについて聞いてみましょう。

## テクニック2「相手の立場になって考える」

私の会社では母が経理を担当しています。ある日、振り込みミスが発覚しました。頭にきた私は「何してるの？　会社のお金の大切さ、わかる？」と問い詰めました。

母は「あなたを助けようと一生懸命やっているのに、何でそんな言い方をするの？　そこまで言われたら、やる気がなくなる」と反論しました。

言い過ぎたと思いました。でも、それ以上に相手の立場に立って話していなかったと感じました。あのとき私が、**「いつも協力ありがとう。ちょっと振り込みでミスがあったみたいなのだけど確認してもらえる？」**と言ったらどうでしょうか？　気分を害すことなく、次からはしっかり仕事をしてくれるでしょう。

私たちは、つい自分に都合よく解釈をしてしまうのです。だからこそ、話し合いをする前には必ず相手の立場を想像しましょう。

もし言い過ぎたときには、相手に謝罪してください。**「〇〇さんの立場になって考えてみたら、私の△△はおかしいと気づけました。ありがとうございました」**と伝えます。

人間は不完全です。だからこそ少しずつ改善していきましょう。

## テクニック3「コミュニケーションの回数を増やす」

これは他の2つと違い、コミュニケーションの量についてのテクニックです。

当たり前ですが、実践なくして成長はありません。電話営業をしている人が、1日に何百件も電話をして上手になると言いますが、理論は同じです。初対面の人と話をして、自分自身の説明をしたり、相手に質問をして関係をつくっていく練習をするのです。

おすすめは、経営者などが集まる経営セミナーや、異業種交流会などです。

なぜなら、そこであなたは自社の説明をしなければいけないですし、相手の会社のことを聞かなければいけません。理解できなければ質問も必要です。

同時に、経営を支えてくれる同業種や異業種の仲間も見つかります。何かあったときに助けてくれる人を見つけたのであれば、あなたはコミュニケーションを使い、人間関係をつくったということです。

仕事を抜けてセミナーに行くのが難しいと思う方でも大丈夫です。近年は「朝活」といわれる早朝のイベントもありますし、土日や夕方の遅い時間にやっているものもあります。

私も、銀行の集まりや異業種交流会に参加していくなかで、大きなビジネスにつながったことや、いざというときに頼りになる仲間を見つけることもできました。

適切なアドバイスをもらえる場所での練習をすると、成長も加速します。本を読むだけでなく実践の場に出向きましょう。

# 与えられた特権を勘違いするな

本人が継ぎたいと思っても、アトツギにはなってはいけない人もいます。

**それは、自分を変化させることができない人です。**

これだけＡＩやロボットが普及してきて、新しい時代へ突入しています。既成概念、ビジネスモデル、人材育成や人材採用まで、すべてのやり方を変えなければなりません。数年前まではこのやり方でうまくいきました、前回のときは○○のやり方でした、という従来の働き方では対応できない時代になってきているのです。

そんな時代なので、自分のやり方に固執して変化をすることができない人は、経営者になるべきではありません。

**経営環境に応じて、自分自身も変えていくことが強く求められるのです。**

あなたは「自己認識」という言葉を聞いたことがあるでしょうか。自分自身のことを一歩引いて見てみて、客観的に判断するということです。

これができない人に多いのが、勘違いをするアトツギです。

アトツギには、多くの金融機関や仕入れ先がへこへこと頭を下げてきて、特別扱いしてくれます。そうすると、自分が偉くなった気になり、仕事ができているように勘違いします。そして社員もアトツギのミスについて、先代の影響が怖くて文句も言えない。

こうなったら、勘違いアトツギが誕生します。

この手のアトツギは、ある意味、かわいそうです。

**なぜなら、自分の実力以上に周囲がヨイショしてくるので、勘違いが生まれやすい環境にいるからです。**

そして、褒められたことを直截的に受け取ったら「何も知らないボンクラ息子」と陰で言われる。

こういうタイプでは先代から受け継いだ際に、幹部社員がうんざりして辞めてしまったり、若手が辞めたりするなど、会社に深刻な影響を与える可能性があります。

そんな彼らに欠けているのが、自己認識の能力なのです。

自分自身についても、勘違い型かどうか疑ってみてください。

最近、他の人から自分がアトツギだから過度に褒められたりしていないでしょうか？

もしくは、あなたが現在している仕事も、１００％あなたの実力で勝ち取ったものでしょうか？

あなたがもらっている給与は、同業他社のサラリーマンと同じ水準でしょうか？

あなただけが会社から特別に与えられているものはありますか？

**これらを我々は「特権」と呼びます。**

つまりあなたの実力ではなく、ただあなたがアトツギだからという理由だけで与えられているものです。

それらに感謝して、自分自身は恵まれていると心から思っているなら大丈夫です。

**でも、能力が足りていないのに、当たり前の気分でその特権を使っているのであれば、**

## 自己認識が甘いと言えるでしょう。

大切なことは、自分自身で気づいていること。

もしいま気づいたのであれば、与えられたものに感謝して、もう一度謙虚な姿勢で、社員、取引先、仕入先、各種金融機関等への対応を変更しましょう。いまのままの姿勢では、いつか優秀な社員から辞めていくことになってしまうでしょう。

そして、変化するためのステップをしっかりと踏んでいきましょう。

第一は他の人からの意見に耳を傾けること。他の人からどう思われているのか？　相手がどう感じているのかわかれば、改善も簡単です。

日ごろから、他者の意見を聞けるようになりましょう。

# アトツギになるのは得？　損？

多くのアトツギ候補は、就職活動時や人生の節目に、親の会社に入るか真剣に考えるでしょう。いろいろな情報があふれているなか、どのような決断をすればいいのか？　そう簡単なことではないでしょう。では、損得で考えてみると、アトツギになるのは得なのか？　損なのか？　そういった観点も気になるでしょう。ここでは、私が実際に継いだ際にわかった、得と損についてお伝えします。

## 後継者になるメリット

**①　会社の資産（人・モノ・金）をすべて使える（権限が大きい）**

会社のすべての資産を使うことは、会社員では絶対にできませんが、アトツギはできます。そのため、自分の決断が会社の業績に大きな影響を与えます。

だからこそ、成功したときには本当に嬉しいです。

私もよく「そんなに大変そうなのに、がんばれるよね」と言われることがありますが、この爽快感は、企業経営をした人にしかわからないかもしれません。自分の力を試しながら社会に貢献できるのです。

**②　業績次第で、高所得が取れる**

中小零細企業の経営者の平均年収は4000万円と言われています。これは、一般的なサラリーマンであれば取ることができない高所得です。会社規模によっても取れる金額は変わりますが、他の人より優雅な生活ができるチャンスがあります。

**③　世間から認められる（社会的な信用）**

「社長」というだけでなぜか世間から認められます。これは世間の社長＝偉い人というイメージと、経営者の年収によってつくられているのでしょう。

### ④ 時間を自由に使える

実務のなかに自分を入れている経営者であれば別ですが、基本的には自分の好きなときに、好きなことができます。

### ⑤ 中小零細企業の経営者しか入れない保険がある（節税効果）

「小規模企業共済」という制度があります。これはサラリーマンには入ることができない独自の制度で、掛け金がすべて所得控除になり、借入金も１・５％という低金利で起こせる、とてもいい商品です。

## 後継者になるデメリット

**①　業績次第で、収入が不安定**

会社の業績が悪い場合は、給与を最低水準まで下げなければいけません。また、会社が傾きそうなときは、自己資金を入れなければいけない場合もあります。

**②　いつも先代との比較を受ける**

会社を受け継ぐとすぐに、先代との比較にあいます。プロ（先代）対アマ（アトツギ）の対決なので、勝ち目は最初からありません。ですが、そんな苦労も知らずに、まわりは言いたいことを言ってくることはかなりあります。

**③　会社の借金も引き継がなければいけない**

身内以外がなかなか引き継げないのが、この借金の問題です。ほとんどの会社が借金をして会社を運営しています。なので、借金に関しても受け継がなければなりません。

**④　仕事が嫌でも辞められない**

サラリーマンは仕事が嫌なら転職も考えられますが、アトツギとして会社を継いだ場合は、少しくらい嫌なことがあっただけでは、会社を辞めることはできません。

### ⑤ 会社の最終責任がある

会社内で起こることは、すべて経営者の責任となります。ときには休日も返上して、謝罪に行かなければいけないようなこともあるでしょう。

これらのメリット・デメリットを総合的に考えましょう。そのうえで、自分は継ぎたいのか、継ぎたくないのかを、判断してもらえればと思います。

# アトツギがいないときは?

簡単にアトツギと言っても、引き継ぎたくても引き継げない例が存在します。

たとえば、会社の借入金が多すぎて引き継げないと言われている。高齢の社員が多く、いまさら引き継いだところで大変すぎる。先代が自分たちの代で廃業したいと考えている。

そんな会社も多いでしょう。

もしそうだとしても、それは近年当たり前のことだと認識してください。

何度も言うように、１２７万社に後継者がいない時代です。会社にアトツギがいなくても、驚くことではありません。

いままでつくった会社の縁や、お客さまに迷惑を掛けたくはないけど、現時点で継いでくれる人がいないという場合ももちろんあるでしょう。

ここでは、そんな会社に対しての対策をお伝えします。

対策は、親子の承継、既存社員の再教育、新卒採用、中途採用、他社との合併、他社への売却など、たくさんの方法があります。

しかし、その際に気を付けておかなければいけないことがあります。

会社は、経営者の意向でほとんどすべてが決まってしまいます。

つまり、あなたが将来、会社がこうなってほしいと望む引き継ぎができなかった場合、あなたの意図していない方向に会社はどんどん進んでいってしまうことになります。

ここでは、いろいろな方法があるなかで、あなたの目的に合った承継方法を選んでもらえるように4つのパターンを紹介します。

## ・パターン1「既存社員の昇格」

**・パターン2「自分の親戚を会社に呼びこむ」**
**・パターン3「新卒採用・中途採用」**
**・パターン4「他社への売却や廃業、合併など」**

以上の4つです。ではそれぞれ詳しく見ていきましょう。

## ・パターン1「既存社員の昇格」

このパターンは多くのメリットが存在します。

なぜなら、先代経営者はすでにその社員の適性や考え方を理解しており、能力も理解できています。さらにいままでの先代の顧客に対する接し方を見てきていますから、なおさら安心できるでしょう。

ただし親子の承継と違って、借入金が多い場合や会社の規模が大きすぎる場合は、後継者がためらってしまう場合が多いです。そして、せっかくがんばったのはいいけれど、先代が死んだら、家族に株式の一部を渡したり、会社の土地を渡したりしないといけないケースすら出てきます。

ですので、最初は代表権（会社の最終決定権。会社の持ち株数に応じて決められる）を持たせることなく、5年などの期間を決めて、社長を代行してもらうという手があるでしょう。

この場合、肩書は代表取締役ではなく「取締役社長」としておくということです。社員がそのあとの期間も継続してやりたいと言って初めて、会社の株式や借入金、そして自己資産などを話し合う必要が出てきます。

なので、くれぐれも他の社員や取引先に「アトツギが決定した」と言わないことです。「暫定的に候補者を探している段階だ」などと言い、周囲から過度なプレッシャーをかけないこと、そしてまわりの関係者には、株式や借入金などの問題があるのですぐには結論が出せない旨を、何度も伝えておく必要があります。

そうしないと、いざ辞めたいと思ってもなかなか言い出せなくなってしまいます。

## ・パターン2「自分の親戚を会社に呼びこむ」

既存社員の昇格はやはり、金銭のやり取りが問題になることが多く、日本の会社のほとんどが同族による承継をおこなっているのが現状です。

なかでも違う会社で働いていた実子や親戚を会社に呼びこむというのは、割と多いパターンではあります。

いままで先代にはついてきたが、新しい後継者が来た瞬間に心が離れるというのはよくあることです。なので先代が元気なうちに呼びこんで、堂々とアトツギにすると言ったうえで、周囲の協力を得て、改革や人間関係の構築、経営を少しずつ進めていきます。

社員も、次第に実務能力があると認めれば、「家族や親戚だし、仕事もできるなら、あの人に受け継いでもらったほうが自分たちも安心だな」と思うようになります。

もちろん、先ほど述べたような勘違いアトツギは間違っても選ばないでください。

そして、来てくれるアトツギには「すべての仕事を完璧にこなさなくてもいい。他の人の力をどう借りて会社を運営すればいいかのみ考えろ」と言いましょう。そうすればアトツギも肩の力が抜けますし、引き継ぐほうも過度のストレスを与えずに済みます。

## ・パターン3「新卒採用・中途採用」

近年採用市場では大手の囲い込みが始まっています。つまり、いい人材を採用することが中小零細企業には困難になってきているということです。

ですが、会社の候補者をアトツギに絞るとか、採用の段階で「将来の社長求む」などのわかりやすいメッセージと明確なメリットを採用時に話すことができれば、優秀な人材を採用できるかもしれません。そして、しっかりと後継者にするべく教育をしていけば、意図を酌《く》んでくれるアトツギになってくれるでしょう。

ここでの注意点は、基本的に教育には時間がかかることを考慮してほしいのと、必ずしもあなたの望むように成長しなかったとしても、彼ら彼女らのやりたいことと、先代の考えを合わせて新たな形をつくるべきだということです。

## ・パターン4「他社への売却や廃業、合併など」

このパターンは以前、「身売り」や「ハゲタカファンドの買収」などと、ネガティブな文脈で言われるケースが多かったですが、今後は確実に増えてきます。

確かに適切なアトツギに経営バトンを渡すことが理想かもしれません。

しかしいつもそんな人材がいるとも限りません。かといって、1人の人間が経営をし続けられる期間も当然ながら限界があります。

だからこそ、得意先や社員に悲しい思いをさせないための策として、売却や廃業などは正しい経営判断だと個人的には思います。

ただし近年は、後継者がいないのをいいことに安く会社を買い叩こうとするところも増えてきましたし、たとえ売れたとしても、先代の理想通りにことが進まない可能性もあります。

本書は売却や廃業に関してを中心に扱うものではないですが、興味がある方は、この分野も調べておくことは必要になるかもしれません。
その場合には、必ず専門家に相談をしながら進めていくようにしましょう。

Chapter
3

# やる気がある後継者を空回りさせる思い込み

# 思い込み①「とにかく勉強すれば成功できる」

なぜアトツギを早く選ぶ必要があるのか？　そしてどんなアトツギを選んではいけないのかについて見てきました。またＡＩやロボット化、日本経済の変化によるビジネスモデルや経営方法を考える必要性も理解できたと思います。良質な知識で、いざというときに備えておくことが重要です。

ただし、こういうことを言うと「**そうか。じゃあ、とにかく人工知能に関して勉強しよう、ロボットについて勉強しよう**」と言う人がいますが、残念ながらそういうことを言いたいのではありません。

現在の会社の状況を踏まえて、経営上の目的をかなえるためには、どんな知識が必要なのか？　どこでどんな人に会ったほうがいいのか？　それらについて考えていかなければなりません。

ところで、後継者を育成したいと思ったときに経営者が考えることは何でしょうか？

関係会社で経験を積ませる、現場を勉強させる、研修に行かせるなど、さまざまです。

経営のこととなると練習させてもらえるようなところがありませんから、どうしても研修や経営塾などに頼ることになります。

これは、自分で経営自体はしているけど、体系的に教えたり、自分のやり方があっているのかわからない経営者が多いこと、また後継者には余分な苦労を掛けたくないという親心のようなものが関わっていると思います。

結果的には、経営セミナーや後継者クラブに通わせる人も多いので、参加したことがある人も多いのではないでしょうか。

確かに、アトツギの就任は、会社にとって変革のチャンスです。

だからこそ、良質な研修を活用することはおすすめです。

ただし経営セミナーに関して言えば、世の中にはいろいろなレベルの研修が存在していることを理解しなければいけません。

たとえば最新のテクニックを教えるもの、ネット上に出ている情報をただ伝えるだけの研修、やり方が複雑すぎて中小零細企業ではやれるだけの能力や時間がないもの、もしくは、原理原則を中心とした研修などに分かれます。

最初のうちは何がいいのか判断できないかもしれませんが、よい研修のポイントは「人間心理・原理原則」に基づいた研修であるかということです。

これらのポイントを押さえていないと成果が出にくく、時間とお金の無駄になりかねません。そのポイントは、次の2つの項目を満たしていることです。

**（1）経営テクニックだけでなく、心構えや心理面についても説明している**

**（2）人間の行動特性について理解し、成果を出せる環境を用意している**

それぞれ詳しく見ていきましょう。

## （1）経営テクニックだけでなく、心構えや心理面についても説明している

世の中には、多くの経営テクニックというものが存在しています。

近年では、ユーチューブやインスタグラムなどを用いた営業戦略やマーケティング戦略なども出てきており、その道のコンサルタントという肩書の人も多数見受けられます。

しかし、ここで着目しなければいけないのは、これらのテクニックをたとえ１００個教えられても、ほとんどの人は実践に移さないということです。

あなたもこんな経験はありませんか？

「講演会に参加して、人生を変えるんだと決意。しかし気づくとダラダラ過ごして、元の生活に戻っていた」

ありますよね。私自身も、何度もそういったことは経験しています。

基本的に研修に参加するということは、よくなりたいと思って来ているのです。

その場で多くのテクニックを得て、そのとおりに行動すれば成功するとわかっている訳です。

それでも行動しないというのは、考えてみると不思議です。ほとんどの人が仕事以外の時間をわざわざつくって参加しているにもかかわらずです。

この場合のように、人が何かにチャレンジしたり本質的に変わろうとしたときに、人間の性質（新しい変化を恐れる、非難を恐れる）が抵抗して、行動を妨げることが多いです。なので、この人間の性質について理解を持っている人から学ぶことが必須です。

実際に行動しない人に限って、次から次にいろいろな会合や勉強会に行って、たくさんの知識を身に着けていきます。

しかし成果が出ない。理由はもちろん明白です。行動していないからです。

これらは、参加する側にももちろん問題があります。

なぜなら、自分自身が何のために勉強会に参加するのかが明確になっていない場合が多いからです。何となく勉強した気になるとか、いろいろな知識経験を持っていることが偉いのだと錯覚してしまっているのです。

しかし同様に、経営テクニックやアイデアだけを教えて、実際に行動できるための心理面と、なぜ自分自身が行動しなければいけないのかという目的を教えていない講師にも問題があります。

なので「画期的な〇〇テクニックであなたを変えます」のようなキャッチフレーズを使って、新たなテクニックばかりを教えている人がいたら、その人には注意をしなければいけません（人の目を引くキャッチコピーが悪いわけではなく、内容がテクニックのみにフォーカスしているのが悪いということです）。彼らのところに行けば知識は増えるかもしれませんが、結果が出る可能性は低いでしょう。

## （2）人間の行動特性について理解し、成果を出せる環境を用意している

人間はとても向上心があり、目標に向かって必ず毎日努力をすることができる生物だ、と思っている人はいるでしょうか？

私の答えは違います。答えは「人間は怠けものだ」です。

私は、少し前に新婚旅行で海外のリゾートビーチに行きました。一歩外に出たら海、時間になったら歩いてレストランに行き、夜は映画を見て、眠くなったら眠る。お金があり続けるなら、この生活を一生できるのか？　そんなふうに感じました。

ここで、あなたの普段の生活を振り返ってほしいと思います。

靴はきれいに並べるか、ぐちゃぐちゃのままか？　筋トレをするか、布団で映画を見るか？　掃除をするか、友達とカラオケに行くか？

したいと思っていることと、することはいつも一緒ですか？

人間は、できれば楽な選択肢を選びたいし、普段と違うことをやりたがらないものです。海外旅行に行った際に、つい日本にもあるチェーン店（自分の知っている店舗）に行ってしまった人や、常連と言われながらいつも同じお店に行くことを経験した人ならわかってもらえるでしょう。

これは人間の性質です。それらをわかったうえで新たな挑戦をする人もいますし、そうでない人もいます。問題は「違いは何か」ということです。

自分のミッションを持っているか？　意志力が強いか？　それらも確かに大切かもしれません。では逆に言えば、それらがない人は変わることができないでしょうか？　成功している人はみんな、そのように不屈の精神を持っているのでしょうか？

いいえ、違います。彼らは人間の行動特性を理解したうえで、自分自身がやらなければいけない〝環境〟をつくっているのです。

例としては、現在日本で流行しているプライベートジム「ＲＩＺＡＰ」。

この会社も、人間は環境がなければ成果が上がらない。逆に環境さえあれば、誰でも成果を上げられるという前提に立って、サービス提供をしています。

では、具体的にどのようなことがあれば、やらなければいけない状況になるでしょうか？

たとえば、誰かに「**いつまでに何を達成します**」と宣言したり「**一緒に〇〇に挑戦する**」というグループをつくるのはどうでしょうか。その際に「**自分が達成できなかったら〇〇をする**」と、絶対にやりたくない罰則を項目に入れたらどうでしょうか？　成功する可能性が飛躍的に高まることは間違いありません。

このように仕組みをつくる人は、人間がいかに弱いか、環境にどれだけ左右されるのかを理解しているから、そのようなシステムを取り入れているのです。

研修でも一緒です。その研修は、やらなければいけない環境をつくってくれますか？

まさか飲み会ばかりして、まともに経営について話し合われていないなんてことはないですよね？　そこにいる仲間たちは、本気で経営をよくしようとしていますか？　あなたが弱音を吐いたり、行動できないときに「もっとできるよ、一緒にやろうよ」と言ってくれる仲間ですか？

これらの項目を完璧にクリアしていれば、基本的にあなたはテクニックを得ながら、成果を出すための環境も手にしていることになります。

この環境があれば「○○テクニックが使えなかったから××テクニックを習おう。それがだめなら△△テクニックを勉強したほうがいいのかなあ？」と、ひたすらテクニックを求めてうろつく人にならなくて済みますし、結果も出やすくなります。

つまり、やるべきことは基本的にはとてもシンプルになっています。

**自分が身に着けたい、身に着けるべき項目を決定する**（**なぜやるのかを明確にする**）

←

**その項目に精通し、教えることができる人を選ぶ**（**その道のプロを選ぶ**）

**その項目をするための時間や仲間、場所を用意する（環境を設定する）←**

**実行し、効果測定をしながらやり方の改善をする（トライ&エラーを繰り返す）←**

これだけのことになります。

でもこのことを知らないうちに忘れて、ついつい目先の話に影響されてしまうのです。本来なら自分が行動していないことが悪いにもかかわらず、「講師の教え方が悪い」とか「**他のテクニックを勉強すればうまくいく**」などと言う人は、大抵この種の人です。

だからこそ、長年、時間を使っているにもかかわらず成果が出ていない人がたくさんいるのです。

どうせお金と時間を使うなら自分にとって適切な研修を選び、何を言ったかではなく、何を実践できたのか考えましょう。それをやらない限り、一生、勉強しているけど成果が上がらない頭でっかち経営者となるだけです。

# 思い込み②
# 「人脈があれば成功できる」

経営者にとって最も大切なものは何かという問いかけに対して、「人脈」と答える人は多いと思います。なぜなら、すべてのビジネスは自分一人でできるわけもなく、他の人からの協力によって成り立っているからです。

そのため、人脈はとても大切な資産となります。

実際に起業家のなかには、ある人との出会いがその後の会社の将来を決めたり、ある会社との出会いによって売上が何倍にも伸びるということがよくあります。

ただし勘違いしてはいけないのが、「人脈＝名刺の数」ではないということです。

**失敗するアトツギにありがちなのですが、少しでも多くの人と知り合うことができればビジネスがうまくいくと信じてやまないのです。**

だからこそ、やみくもに交流会に行ったり、人との出会いの場所に行っては、とにかく名刺を配りまくります。

しかし、ここで問題があります。

自分も相手も、誰と名刺交換をしたかわからないことです。

きつい言い方をするなら、あなたも相手も、覚えるに値するような価値がなかったと言えるでしょう。実際には覚えているのは、せいぜい会ってから1週間程度のはずです。あとは、そんな名刺がどれだけあったとしても資産ではなく、むしろゴミです。

なぜそうなるかというと、目的が「名刺を多く集めること」になっているからです。

人脈は活用して初めて役に立ちます。

つまり名刺交換をしたのだけれど、相手に価値のある情報や案件を提供できなければ、ビジネスには発展しないのです。

**逆に、相手に価値ある情報が提供できれば、すばらしい業務提携などにつながる可能性**

**もあります。**

そのため、業務提携をするときの基本や、相手の求めている困りごと（ニーズ）を聞き出すヒアリング力もなければいけません。

業務提携をするときに考えないといけないのは「相手の利益」です。

相手はどのような業界で何を目標としているのか？　それに向けて何が必要だと感じているのか？　そのことについて理解しましょう。

そして、その情報や案件をどのようにしたら提供できるでしょうか？

一番いいのは「**あなたには不要（もしくはあまり使わないもの）だが、相手にとっては喉から手が出るほど欲しいもの**」を提供してあげることです。

また、この際にヒアリング力がとても大切となってきます。

前提は、あなたが相手を助けるつもりで質問をしてください。そのうえで、本当に相手が求めているものを聞き出してください。

郵便はがき

162-0816

恐れ入ります
切手を
お貼りください

東京都新宿区白銀町1番13号

きずな出版 編集部 行

フリガナ

お名前　　男性／女性　未婚／既婚

(〒　　-　　)
ご住所

ご職業

年齢　10代　20代　30代　40代　50代　60代　70代～

E-mail

※きずな出版からのお知らせをご希望の方は是非ご記入ください。

# 愛読者カード

ご購読ありがとうございます。今後の出版企画の参考とさせていただきますので、アンケートにご協力をお願いいたします（きずな出版サイトでも受付中です）。

[1] ご購入いただいた本のタイトル

[2] この本をどこでお知りになりましたか？
1. 書店の店頭　2. 紹介記事（媒体名：　　　　　　　　）
3. 広告（新聞／雑誌／インターネット：媒体名　　　　　　　　）
4. 友人・知人からの勧め　5.その他（　　　　　　　　）

[3] どちらの書店でお買い求めいただきましたか？

[4] ご購入いただいた動機をお聞かせください。
1. 著者が好きだから　2. タイトルに惹かれたから
3. 装丁がよかったから　4. 興味のある内容だから
5. 友人・知人に勧められたから
6. 広告を見て気になったから
（新聞／雑誌／インターネット：媒体名　　　　　　　　）

[5] 最近、読んでおもしろかった本をお聞かせください。

[6] 今後、読んでみたい本の著者やテーマがあればお聞かせください。

[7] 本書をお読みになったご意見、ご感想をお聞かせください。
（お寄せいただいたご感想は、新聞広告や紹介記事等で使わせていただく場合がございます）

ご協力ありがとうございました。

きずな出版　URL http://www.kizuna-pub.jp　E-mail 39@kizuna-pub.jp

**キーワードは「なぜ」です。**

たとえば、「なぜその土地が欲しいのですか?」「なぜ採用したいのですか?」などです。

本当にクリアしたい問題なら、しっかりと回答が返ってくるでしょう。その理由を明確に聞かずに提案しても、ほとんどの場合は成功しません。

なぜなら、世の中のほとんどの人が、自分自身が欲しいと思っているものすら明確でないからです。そのため、この相手の目的を深掘りしていく方法によって、あなたが欲している情報が手に入るでしょう。

ただたくさん会うのではなく、目的に応じて、そしてより効果的に人と会うことの大切さが理解できたでしょうか。

## 思い込み③「知識・経験があれば成功できる」

業務経験の長いアトツギの場合、長年先代が経営をする際にそばにいました。だからこそ、悩むこともなく簡単にできると最初は思います。

ところがどうでしょうか？　実際にやってみると、過度のプレッシャーや経営判断の難しさで、精神的に耐えられなくなる人もいます。元々違う会社で経営をしていたという経験があったとしても、自分が株主（オーナー）という立場でやっていない場合には同じようなことが起きます。

または、ＭＢＡ（経営学修士）を取得していたり、経営を長年勉強していたとしても同様です。

**なぜなら中小零細企業の経営は、本に書いてあることだけでは対応が不可能だからです。**

いろいろな価値観の社員がいて、会社の業績もひとつの顧客の売上次第で大きく変わってしまうこともあります。そして今後は、新しい技術がどんどん生まれてくる時代です。さらに人の価値観、休日や残業に関しての考え方も大きく変化しています。

いままでと同じ環境でやるにしても、簡単なことではありません。毎日問題が発生するでしょう。

品質管理がうまくいっていない、顧客と価格の折り合いがつかない、社員が辞めたいと言っているなど、複数の問題が同時に起こることはよくあります。

これらの解決策は、頭ではわかっています。でも実際に社員に依頼すると断られたり、やり方を勝手に変えられて逆に問題が深刻化するなど、このようなことはどの会社でも起こっているでしょう。

**ここで必要となるのが柔軟性や創造性です。これらは何かというと、問題があったとき、決まりきった対応をするのではなく、一度距離を置いて見つめ直すアプローチです。**

つまり、いままでにない新しい試みをしてほしいのです。

これまでは社員が長時間働いたとしても、給与をたくさん取れれば不満はありませんでした。しかし、現在はいかに休めるかばかりを考えている。ならば、週休3日制を試してみるのはどうでしょうか？　それともいっそのこと、年間の半分を休みにしてみることもできるかもしれません。

何が言いたいのかというと、いままでの経験の延長では今後成功できないということです。もちろん昔から変わらないものもあります。しかし、新しい観点から見る力を養っていかないと時代に対処できなくなってしまいます。

すべてをすぐに変えろとは言いません。

しかし、**長い間対処しているはずなのにうまくいっていない箇所は、ダイナミックに考え方を変えたり、異業種のやり方を取り入れる**などして改革をしてみてください。

# 思い込み④「社員は経営者のことを理解してくれている」

基本的に、アトツギが入社したとき、もしくは代替わりの際には、多くの社員や関係者は「今後、会社はどうなるのか?」「アトツギはどんな人物なんだろう?」と状況を見ています。何か会社の方針が変わるのかと気にしているのです。

**なぜ気にするかというと、彼らは会社が変化してほしくないと考えているからです。**

もちろん大人ですから表立っては言いませんが、改革をする際には痛みや犠牲が伴うので、それに巻き込まれたくないのです。

さらに、いままでと同じでも会社は永久に続いていくので変える必要がないという幻想を持っているため、多くの社員はそのように思っています。

なので、せっかく外で勉強してきて新しい手法や仕組みを試そうとしても、既存の社員や、現経営陣にアイデアをつぶされたり、まだ早いなどとストップをかけられる場合は多いと言わざるを得ないでしょう。

そうすると、せっかく学んだとしても成果を出すことができません。さらに勉強をしていくなかで、「**我々は〇〇をすべきだ。〇〇の理想を追い求めたい**」と自我が出てくると、変わらない組織に嫌気がさして、辞めたくなったりすることすらあります。

私も、改革の途中で幾度となく挫折感を味わったことがあります。

よかれと思って社員にやったことを、あとから噂で「**そんなことを望んでないのに**」と言われたり、散々反対していた社員が成功した途端に、自分はあたかも反対していなかったかのように接してきたり、いろいろ嫌なことが起きてしまうのです。そうこうするうちに親子げんかになったり、モチベーションが下がっていったりします。

残念ながら多くの前向きなアトツギが同じような状況で悩んでいるので、変わらない組織に対して、お互いが傷のなめあいをしていたりもします。

本当なら、改革は反対されながらも断行していくべきで、その際に多くの人と交渉したり活路を見出していくことが必要なのに、結局批判をしてしまうこともあるでしょう。

経営者グループで熱心に活動をしていると、つらいこともあります。

がんばって勉強していても、「宗教にハマっている」と言われたり、勉強したことを褒められるどころか「本業をもっと極めろよ」と言われたり、自分の無力さに絶望したり……本当にさまざまな葛藤や苦しみがあります。


**しかし、そのなかでも誰に何と言われても結果を出すことに集中してください。改革をしようとすると、絶対に反体勢力は現れます。**


先ほど述べたように、人間は残念ながら本質的に変化を怖がるので当然なのです。そのことについて、理解しなければいけません。

そのうえで、どうしても自分だけでできなければ、志を同じくする仲間やコンサルティングのサービスなどを活用しながら解決してください。

多くのアトツギは、社員と経営者は同じであるという思い込みを持っています。もっと極端に言うのであれば、「社員は経営者のことを理解してくれる」という思い込みです。

## 99％以上の会社は、社員が経営者のことを理解していないでしょう。

ここからは、社員と経営者の何が違うのかを理解し、そのうえでどのように経営にそのことを取り入れていけばいいのかについて見ていきましょう。

まずは会社の売上と利益に関してです。

多くの経営者は、売上と利益に関しては最重要課題だと捉えています。

なぜなら利益がなければ社員に給与を払うこともできないし、ボーナスも払えない、最悪の場合、自分たちの給与や預金から会社にお金を融通しなくてはならない場合すらあります。また銀行融資に関しても、売上が多ければ多くの金額を銀行から融資してもらえますし、利益が出ていれば金利を安く借りることも可能になります。

一方、社員はどうかというと、基本的には「いかに短時間で多く給与を得られるか、どれだけ自分の時間を自由に使うことができるのか？」について必死に考えています。

**自分が給与をもらえるのは、それだけの価値を会社に貢献できているからだと考える人は少数です。だから会社が赤字かどうか？　売上が上がっているのか？　などに関しては**

## 十分給与をもらっていればとくに考えないでしょう。

もちろん営業部門など、そのこと自体が評価に直接つながる部署は別ですが、他の部署や役割の人は基本的に気にしていないのです。

もしこれで経営者も数字に対して無責任だったらどうなるでしょうか？　最悪の場合、会社内の誰も数字に対して真剣に考えている人がいない場合もあり得ます。

こんな状況を理解したうえで、賞与のなかに業績を組み込んでいるユニークな会社がありました。

『町工場の全社員が残業ゼロで年収６００万円以上もらえる理由』（ポプラ社）の題材となった、株式会社吉原精工です。

その会社は利益が出ていれば賞与を払うけれど、利益がなければまったくゼロと説明しています。そして毎月社員に対して会社の売上、利益に関して開示しています。また、会社にある借入金など、社員が普段気づかない情報も提供していました。

ここまですると、社員が自分事として会社の数字を考えるようになるでしょう。すばらしい例だったので、弊社も参考にさせていただきました。

ある知り合いの社長は、海外展開をするかで頭を悩ませていました。

彼は今後の日本の市場がどのように変わるか明確に読めている。しかし、そのことを社員に説明しても**「現在うまくいっているのになぜ変える必要があるのか？」**と納得してもらえないでいたのです。もしこの社長がこのまま改革に進まなければ、恐らく遠くない将来に会社はなくなってしまうでしょう。そして、そのときになって初めて社員は「**あのとき挑戦しておけばよかった」**と言い出すのです。

このような現象は日本各地で起こっています。日本は豊かになりすぎて、過度な挑戦をしなくても食べていける時代になったからでしょうか？　大きなリスクを取って挑戦する企業は減っているように感じます。**だからこそ、会社の投資や方針については社員の考え方も理解したうえで、しっかりと説明してほしいと思います。**

たとえば、ある会社がトップセールスマンを採用部門に異動させた場合を例にとると、社員にはこのように説明することになるでしょう。

「この会社を、みんなの子どもや孫が生まれても存在しているような会社にしたい。なので今回、営業のトップを採用の責任者にすることに決めた。この配置変更は、会社にとって真剣な勝負だと思うが、みんなのようにいい人材が増えていかなければ、いい会社にはならないため、今回は会社のトップセールスを充てることにした。そして他のみんなが、彼がいた場所をフォローできると期待しているからこそ、この戦略を採用することができた。この配置転換を大きなチャンスと捉えて、会社の踏まなければいけないステップとして、協力してほしい」

言い方は相手によって変わると思いますが、ここでのポイントは、社員と経営者の違いを受け入れ、コミュニケーションを取ることの大切さではないでしょうか？

この頭の切り替えができないと、新しいことが会社内で進まずに、組織の成長をストップさせてしまいます。自分だけが改革をしないといけないと思っていても、社員はそのように思っていないことは、先ほどの例の通り多いです。だとしてもやらなければいけないのであれば、リストラも含めて考えていかないといけません。

会社を守る経営者として、最適な決定を下しましょう。

Chapter

4

# 後継者育成度がわかる評価テンプレート

# 後継者に必須の5つの力

事業承継は、会社にとって大きな分岐点です。

それをきっかけとしてうまくいく会社もありますし、失敗してつぶれる会社もあります。

少しでも早くアトツギに任せれば、経験が多く積めます。ですが、早く任せすぎると本人の自信がなくなり、会社も傾きます。

では、何ができれば会社を引き継ぐ準備ができたと言えるのか？

そのことについて、5つの項目に分けました。

あなたはその力を持っているのか、見極めましょう。

そして今後のアクションを考えていくと、具体的な成長ステップが決まっていきます。

まず前提として、大企業は分業が進んでいますが、中小零細企業（とくに30人以下の会社）となると社長が経営だけでなく、実務面に関しても多くの影響力と決定をおこなっている場合が多いと思います。

**もちろん会社によっては専門家と提携を結び、苦手分野を補ってもらう方もいますが、ある程度の基礎知識は経営者であればつけておくべきでしょう。**

なぜならば、何も知らずに誰かに委託しているとするならば、その専門家の選定に関しても疑問が残りますし、その専門家の偏った意見のみで、会社のある部分だけ運営されているということになりかねないからです。

では、具体的にアトツギが経営を始める際に知っておきたい、5つの要素について見ていくことにしましょう。

## ① 実務能力

自社がどんな内容の仕事をしているのか？　どういったお客さまにサービスを提供しているのか？　自社の商品・サービスは顧客からどのような評価をされているのか？　今後の業界におけるイノベーションや景気はどうなっていくのか？

これらのことに答えられ、自分の代わりに自分以上に業務を遂行する能力がある社員がいれば、必ずしも自分自身がやる必要はありません。しかし、いなければあなたが身につけなければいけません。

**私を例にとると、私は溶接の会社を経営しています。ですが私は溶接をすることができ**

**ません。図面を書くこともできません。大まかな業務の知識はありますが、こまかいことなると社員の協力なしには仕事を完結することすらできません。**

しかし顧客の要望や今後の業界の流れ、そして適切な顧客選定及び、人と人のつながりや、会社の成長戦略に関しては非常に強みがあります。だからこそ、業界の知識がないところから、会社の得意先を増やすこともできたのだと思います。

よく我々の業界では「現場ができなければ経営ができない」という方がいますが、それはあっている部分も、間違っている部分もあります。

確かに現場のことを知っているのは価値があるでしょう。しかし会社経営の目的を「顧客満足や利潤の追求」だとするならば、現場での知識のみでは、逆に経営はできないことになります。例を挙げてみましょう。

A社、B社という2つの溶接会社に、ある案件が舞い込んできました。

量産物件で販売価格も申し分ない。そして支払い条件を含めて、すべてが自社の理想の顧客として考えられました。

ただし、自社で仕事を完結させるには、２つの問題がありました。

**（1）後工程を対応してくれる会社がないと、自社のみでは対応することが不可能**

**（2）他の会社に加工を依頼し、複数社でなければ量がこなせない**

職人タイプのA社の社長のポリシーは「いいものをつくれば仕事はいくらでも来る」で、社外での加工は絶対にやらないタイプです。彼は他の会社に仕事を依頼するのも嫌だし、自社のみでは量としてもこなすことができないからと、仕事を断ることにしました。

もちろん、つくり方も製品の品質も完璧に熟知しており、誰がやっても基本的に速く、ミスなくできる仕組みも備えることができました。

一方、営業タイプのB社の社長は、仕事の内容がすべて理解できたわけではないですが、すぐにその仕事を「**やれます**」と答えました。その時点では自社では製作できる能力もやった経験もありませんでした。さらに後工程の会社の知り合いもいませんでした。

結果的に、仕事はB社が受注することになりました。

B社長は、顧客に、他にどんな会社に見積もりを出しているのか聞きました。そこでA社のことを知り、A社長に「**どのように製作したらいいのか？**」と聞き込みをしました。そして自社の利益をしっかり取ったうえで、そのA社と残り2社に仕事を依頼することにして、顧客からの信頼と莫大な利益を得たのです。A社は最初に断った仕事を、結局B社の下請けとしてすることになりました。

さて、ここでの違いは何だったのでしょうか？

現場の理解度ですか？　工場内の生産性でしょうか？　違います。

この場合は、技術力があるということよりも、顧客の欲している成果（今回で言えば、すべてを丸投げすることができる外注先）に気づき、そのための仕組みをつくれるかどうかが、カギとなりました。

つまり、すべての技術に関して理解していなくても成果を上げられると言えます。なので一概に現場ができなければ経営ができないという古い考え方は、捨てましょう。

仕組みをつくれたことがカギ

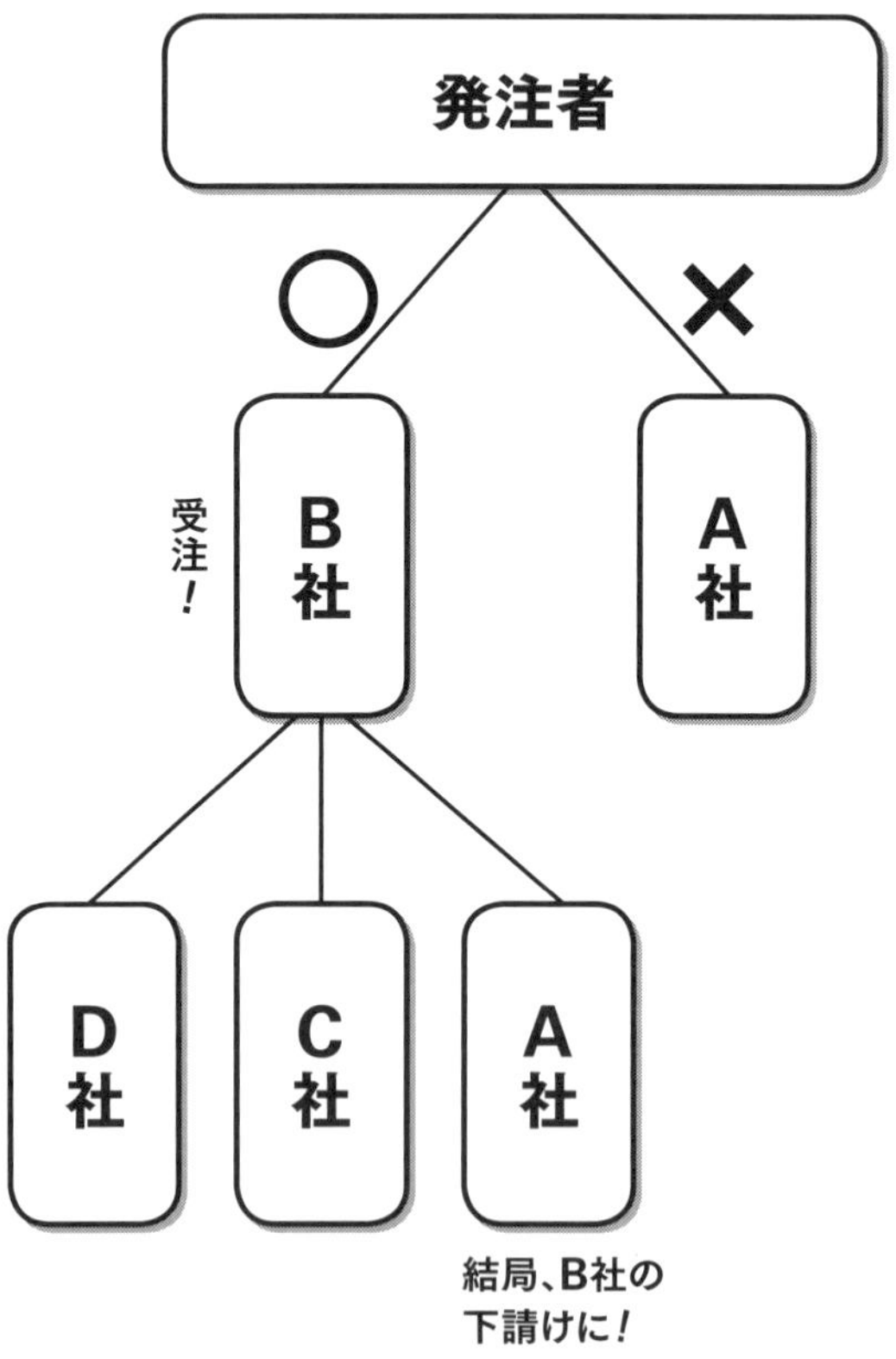

もちろん「現場に習熟していること」を顧客が欲している場合もあると思います。だからこそ、いろいろなあり方や自分自身に合ったやり方を探してほしいと思います。

私自身は現場の作業に関して覚えたくないとは思いませんが、適性がないと感じています。他の社員がいとも簡単に理解できるようなことを、どれだけ時間をかけてもわからなかったりします。逆に言えば今回の例のように、自分以外の人の力を借りながら顧客を喜ばせるということについては、かなり強みと興味を持っているので、そのやり方で経営をしているということになります。

**どんなやり方が正しいかという議論よりも、自分自身がやりたいことと業務内容がマッチしているのかが経営者としても大事なのです。**

私が聞いた例ですごいと感心したのは、現場での能力がずば抜けているので、逆に現場に集中して経営のプロを雇った人もいるということです。

つまり本当に正解不正解はありません。

しかし今回はあくまでも、どのように引き継ぐのかということに焦点を当てていますので、まずはここまでで実務能力に関して、点数をつけていきたいと思います。

## 【実務能力に関して5段階評価】

**要チェック！**

□**レベル1**　不安状態「まったく何もできない」
□**レベル2**　環境依存状態「他の人の指示で仕事をしている」
□**レベル3**　管理実行状態「基礎的な仕事はできる」
□**レベル4**　自己完成状態「高度な分野のみ他者への相談が必要」
□**レベル5**　専門性獲得状態「実務に関しての不安はない」

あなたは5段階評価中、いくつでしょうか？　この章の最後で、レーダーチャートにしてまとめていただくので、チェックしておくようにしてください。

もしあなたがレベル1だったら、基本的には、まずは仕事の内容や業務遂行能力に関して鍛えていく必要があります。

ある程度の技術や業務遂行能力であれば3〜5年もあれば獲得していくことができます。

そして、レベル3あたりまでは上げていくことをおすすめします。

基本的には中小零細企業の場合、ある程度仕事ができないと指示が不明確だったり、不適切になることも多いので、もしまだ承継に時間があるようなら、レベル4に向けての努力をしていってください。ここまではプラス3年あればできると思います。

その先まで理解するかどうかに関しては、経営のスタイルによって変わりますので、個人の好みで決めてください。

たとえば技術系の会社などで、経営者が若手を自ら教育していきながら、社員とコミュニケーションを取っていくということも考えられます。

この場合、社長に技術力があるというのは、他の社員からすると尊敬の対象にもなり得ますので、興味があるのであれば、その分野に関して能力を開発していくのもいいのではないでしょうか。

**逆にレベル1なのに、すぐに会社を引き継がないといけないような場合は、自分の側近として業務に詳しい人をつけて、都度相談しながら考えていくしかないでしょう。**

ほとんどの人が、最初は会社の業務を覚えます。なので、ある程度レベルが上がった状態で引き継げることが多いかとは思います。

ただ、会社の部署が複雑化していたり、組織が大きい場合は、そもそも業務や仕事の知識に関して完璧にすること自体不可能です。

その場合は、それぞれの部署の部長と業務内容に関しての意見交換や、注意点を聞きながら進めていきましょう。

そんなあなたが次に考えないといけないことは、経営において主要な分野の意思決定をしているのか？　もしくは、した経験があるのかということになります。

ここからは大きく「人事」「財務」「営業・マーケティング」に分けて、それらの分野に関して見ていくことにしましょう。

# ② 人事力

「企業は人なり」と、ピーター・ドラッカーが言っている通り、企業活動における人の役割というのはとても大切になります。そしてどのように人を採用し、教育をし、人事制度を構築していくのか？　その仕組み自体が、会社の未来をつくると言っても過言ではないと思います。さらに、想像していなかったような出来事（社員が急に辞めると言い出す、辞めた社員から会社が訴えられるなど）も可能性として出てきます。

人事というと権力があって、会社の花形のように扱われますが、そのような泥臭い部分も多く持っている部署であり、人の評価もしないといけないので、精神的な強さも必要不可欠にはなります。

**あなたが人事に関してまったく関与していないのであれば、少し危険です。**なぜなら人事制度は繊細で、やり方を間違えた瞬間に、大きな問題に発展するからです。

たとえば、いままで高給を取っていた社員がいるとします。

会社内の風通しや、社長の意向について不満があったものの、給与は他の会社と比べてもいいため、辞めずに残っていたとします。

ところがある日、経営者が変わり、社内の人事制度改革が決まりました。

それによって大幅な給与ダウンとなってしまいました。お金のみでつながっていた関係なので、給与が下がり、恩義のないアトツギにバトンが渡った瞬間に、その人は会社を辞めていきました。つられて、会社内の優秀な社員も、その辞めた先輩を慕っていたため、連鎖するように会社を後にしました。

こんなことがあっては、正直会社としてのダメージが大きすぎて、取引先に多大な迷惑をかけてしまうことになるでしょう。このようにある日突然、人事について知らない経営者がやり方を変えるのは、リスクをはらんでいるのです。

だからこそ、人事については関心を寄せてください。

会社によっては、前項の実務能力がレベル4やレベル5になってから人事権を持たせるというところもあります。私自身、そのやり方に関しては合理的であるように感じます。**なぜなら仕事ができない人から評価されるのは、いくら役割の違いといっても、あまり心地いいものではないからです。**

社内の査定基準や面談に同行させてもらったり、いま会社が取り組むべき新規の人事制度について考えていくのであれば、非常に有益です。そして、自分自身の部署から面談を始めてみたり、最終的な会社の判断に関して、現経営者と「なぜその判断をしたのか」というディスカッションをしながら、鍛えていくことが大切になります。

そういった経験を積んでいると、いざ自分で最終決定をしなくてはいけない状況になったとしても、社員とのヒアリングができているので、先ほどのように優秀な幹部層が抜けることにはなりにくいでしょう。

また、人事に関しては社会保険労務士の先生に聞くこともできます。

しかし、その際はひとつだけ注意点があります。

彼らは労務のプロフェッショナルであって、実際の現場に関しては、経営陣のほうがわかっているに決まっています。なので、モチベーションの観点でも、社員のキャリアアップや教育のためにも、ご自身が考えなければいけません。

では、あなたは現在どんな役割を担っているでしょうか？　評価してみましょう。


**要チェック！**

**【人事権に関して5段階評価】**

□**レベル1**　不安状態「人事にはまったく関与していない」
□**レベル2**　環境依存状態「人事の書類作成や、サポート業務をおこなう」
□**レベル3**　管理実行状態「人事の一部に関係している（採用・評価・育成）」
□**レベル4**　自己完成状態「人事のすべての分野に関係している」
□**レベル5**　専門性獲得状態「人事の最終決定権を持つ」

# ③ 財務力

原則として会社を始める際には、お金を調達します。

それを有形無形の資産に変えていき、製品やサービスの提供をします。

昔は銀行のみが資金調達の方法でしたが、現在は他の方法も出てきました。具体的には、クラウドファンディングやベンチャーキャピタル投資などがあります。

それぞれの資金調達に応じて違った知識が必要ですが、まずは最も一般的な、銀行と財務の知識について見ていきましょう。ベンチャーキャピタルやクラウドファンディングなどの手法で資金調達している人は、それぞれの資金調達手法について当てはめて考えてみてください。

前提として、財務に関してはある程度の知識が必要となります。

**たとえば「黒字倒産」という言葉を聞いたことがあるでしょうか？　これは会社が黒字を計上しているにもかかわらず、倒産してしまうことを言います。**

赤字でつぶれるのはわかるけど、なぜ黒字なのにそんなことが起こり得るのでしょうか？　これについて知るには、キャッシュフロー（お金の流れ）と利益の違い、さらに手形取引という決済方法に関しても理解している必要があります。

たとえ利益が出ていたとしても、会社は不渡り（手形などの債権を支払えないこと）を2回起こすと、銀行の取引停止となり、基本的には倒産となります。このことを通称「黒字倒産」といいます。つまり、会社というのはただ利益だけを出し続ければいいのではなく、それと同時に資金の回収をおこなわなければいけないということです。

**キャッシュフローでとくに考慮しないといけないのは、売掛金の回収日数です。**

あなたは売掛金の回収日数に関して考えたことがあるでしょうか？　もしくは交渉したことがありますか？　私の会社は、私が入社してからほとんどの顧客に、支払期間を短く

してもらうように依頼しました。また毎回少しでも早く入金ができるように交渉していま
す。それは、キャッシュフローを大幅に改善して、経営を安定させるためです。

ここからは掛金に関して考えていきましょう。

会社間の取引に関して、そのたびにお金を払っていたら膨大な現金取引になります。なのでお互いの業務量の削減と、効率化のために掛け買い・売りという制度があります。

**居酒屋とかでいうところのツケというやつです。毎日来るなら1週間分まとめて払ってもいいかな？　1ヵ月分まとめて払ってもいいかな？　という信用ありきの商売慣習です。**

会社も同様に、ある一定の期間で請求を区切って支払いをします。

また、製品を販売してから現金化できるまでの期間を「売掛金の回収サイト」と言います。基本的には、月初から月末までの間で区切りをつけて、60日以内に現金での支払いというところが多いですが、そうでない会社もあります。

たとえば手形を例にすると、現金化できるのが120日後というものすらあります。

そうすると支払うタイミングだけ早く来て、手元にお金がない状態が発生します。そんな日に、税金の支払いが来たらどうなるでしょうか？　すぐにお金を払える場合はいいで

すが、そうでないときは困ったことになります。この「いつお金が会社に入ってきて、いつ出ていくか」という流れをキャッシュフローと言います。

だからこそ、会社の規模や銀行との関係も見ながら、支払い条件や融資のタイミングを決めなければいけません。

もし、本書のなかで理解できない言葉や概念がある場合は、経営をしていくうえでは不安が残ります。そのため言葉の定義を覚えたり、財務のルールについて少しずつ理解していきましょう。

**残念ながら、経営者が何も知らないと思っている場合、銀行はこちらに不利な条件を出してきます。自分の身を守るためにも知識は必要ということです。逆に言うと、銀行の内情を理解したうえで交渉できるのなら、思わぬ好条件を引き出すことすら可能です。**

銀行は現在、貸すことができる顧客を必死に探しており、多少業績が悪くても貸してくれることがあります。銀行も株式会社ですから、決算前は数字を出すべくノルマに追われています。そのため期末には多くの案件が飛び交っており、支店での審査も緩くなることが傾向として見られますし、金利も普段より安くしてくれる場合が多いです。

このように会社の財務は大切な部分ですので、どうしても苦手な人は、コンサルタントなどを活用するか、財務の専門家の採用をして、補うようにしてください。

しかし、あなたが何も知らないのでは、会社のなかに悪事を働くような人間がいた際には、どうすることもできません。また財務部門からの意見をもとに意思決定することができないので、少しずつ覚えていくようにしましょう。

それではまた5段階評価で具体的に見ていきましょう。財務知識に関してです。

**【財務力に関して5段階評価】**

**要チェック！**

- □**レベル1** 不安状態「財務に関してはまったく知識も経験もない」
- □**レベル2** 環境依存状態「勉強したことはあるが、実務経験はない」
- □**レベル3** 管理実行状態「業務のサポートをしている」
- □**レベル4** 自己完成状態「融資や資金繰り表の製作経験がある」
- □**レベル5** 専門性獲得状態「専門家と相談しながら、戦略を立てられる」

## ④ 営業・マーケティング力

次に営業マーケティング力に関してです。営業とマーケティング。このどちらもしていない会社は、現在は顧客がいたとしても、どこかのタイミングで衰退していくでしょう。

なぜそうなるのか？　歴史をもとに考えてみるとよくわかります。

大昔にあなたがワープしたとします。そこでは自分で食料を確保しなければなりません。

**このときに、直接的に獲物を狩ることが現在でいう「営業」で、仕組み化をして食べ物を確保する方法が「マーケティング」です。**

あたり一帯を狩りつくしたあと、村のメンバーが病気になったり死んでしまったら、その村はどうなるでしょうか？　農作物の在庫があればいいですが、それが尽きてしまったり、大寒波などで枯れてしまった場合は？　その民族は、死の危機に陥ります。

ほとんどの会社が、この民族の生活と同様な経営状態であると思います。

**どういうことか？　それは昔からいる顧客のみに依存して、継続的に顧客が集まる仕組みや、営業の能力を鍛えていないということです。**

これでは景気が悪くなったり、メイン顧客が倒産した際に、あなたは一緒になって倒産することしかできなくなってしまいます。

せっかく技術があったのに、1社に依存してしまってつぶれた会社が、私の知り合いにもいます。努力の方向が違っていたのだと思います。先ほどの例を再度持ち出すなら、狩りをしないのにひたすら槍を研いでいたようなものです。

**そして営業・マーケティングはすべて数値化しなければいけません。**

どれだけの新規の顧客が増えたのか？　ひとつの顧客が売上に占める割合はいくらか？　ひとつの顧客を獲得するのにいくらコストがかかったか？　これらのことについて数値化しましょう。そうすると自社がいまどれくらい営業やマーケティングに時間を使っているのかがわかるでしょう。
今後は先行きが不透明な時代に入っていきます。大企業すらつぶれる時代です。中小零細企業の我々がつぶれないなどという保証はどこにもありません。さらに今後はオリンピックが控えており、終了後は、日本の景気は下がり続けることが予想されています。
そんな時代だからこそ、自分自身で生き抜けるための営業・マーケティング力が必要とされています。ではあなたの現在地を把握してみましょう。

**【営業・マーケティング力に関して5段階評価】**

**要チェック！**

- □**レベル1** 不安状態「まったく知識がない」
- □**レベル2** 環境依存状態「勉強したことはあるが、実務経験はない」
- □**レベル3** 管理実行状態「業務のサポートをしている」
- □**レベル4** 自己完成状態「自分が中心となり、業務を回している」
- □**レベル5** 専門性獲得状態「戦略を立て、数値化、仕組み化ができている」

# ⑤ アトツギ力

最後に考えるのは「アトツギ力」です。これは、アトツギとして必要な親子間のコミュニケーションが取れているか、業界の慣習について理解しているのかということです。

起業することと継承することとの大きな違いは、誰かから譲り受けるということです。このなかでとくに多い親子間の引継ぎは、感情が邪魔をして時間がかかりますし、すんなりいかないのが実態です。

では、どうしたらうまくいくのでしょうか？

それは先代の功績を素直に認めてあげることが、最初のステップです。

あなたの理想的な会社ではないとしても、ゼロから起業することを考えると、ずいぶん楽です。あなたが本来やらないといけない雑務や、最も大変な立ち上げ期を先代は経験してきているのです。そこに対して敬意をもって接しなければ、うまくいきません。

そしてお互いのゴールを設定することです。いつまでに譲り受けたいのか？　どのような形をお互いが望んでいるのか？　明確にしていきましょう。

なにより、信頼と尊敬をもとにして接することが大切です。経営に対して、引継ぎに対して、どれだけ真剣に話をしているかが、引き継いだ際の成功を決めるでしょう。

普段生活していると、法律（信号が赤になったら止まらなくてはいけないという道路交通法など）や慣習（盆には実家に帰らないといけないとか、クリスマスにはプレゼントをあげなければいけない、など）はたくさんあります。

会社にも守らなければいけない法律がありますし、いつの間にか業界のなかで生まれてきた慣習というものもあります。この分野もアトツギ力には必須です。

なぜなら、慣習を守らないとハミだし者とされたり、付き合いがなくなってしまうからです。比較的新しい産業なら必ずしも適用されるわけではないかもしれませんが、たとえばＩＴ系ですら、多くの会社では成熟産業と同じような商売慣習になっていますので、各々の業界や顧客を見ながら対応してください。

まず法律に関してです。

会社の利益を追求するあまりに、社員に残業させすぎては訴えられます。実際に、何時間くらいなら残業ができるか、明確に理解している人は少ないのではないでしょうか？

もしくは、会社の社会保険料について理解しているでしょうか。会社は給与の他にも、社員の社会保険料の半分を負担しなければいけません。固定費を計算する際に、そのことについて抜け落ちていたらどうでしょうか？　会社の給与を上げたのはいいけれども、社会保険料のみで赤字になってしまった、などということも平気で起こります。

私がアドバイスをしていたクライアントも、黒字経営をしていたのに、社会保険を導入した瞬間に利益が大きく圧縮され、経営が苦しくなっていました。ですので会社を運営するうえで必要な法律に関しては、理解しておいてください。

次に慣習についてです。

たとえば建築業界を例にとると、複雑な多重下請け構造になっています。どういうことかというと、左のようになります。

**A社が仕事を元受けとして受ける**

**←**

**B社に委託（多くの場合、A社の関係会社や子会社など）**

**←**

**C社に委託（実質の元受け業務をすることが多い）**

**←**

**D社に委託（施工及び製作について熟知している中堅企業が多い）**

**←**

**E社に委託（製作のみ請け負う10～30人ほどの組織が多い）**

**←**

**F社に委託（数人で製作などをおこなっている会社が多い）**

## 複雑な多重下請け構造

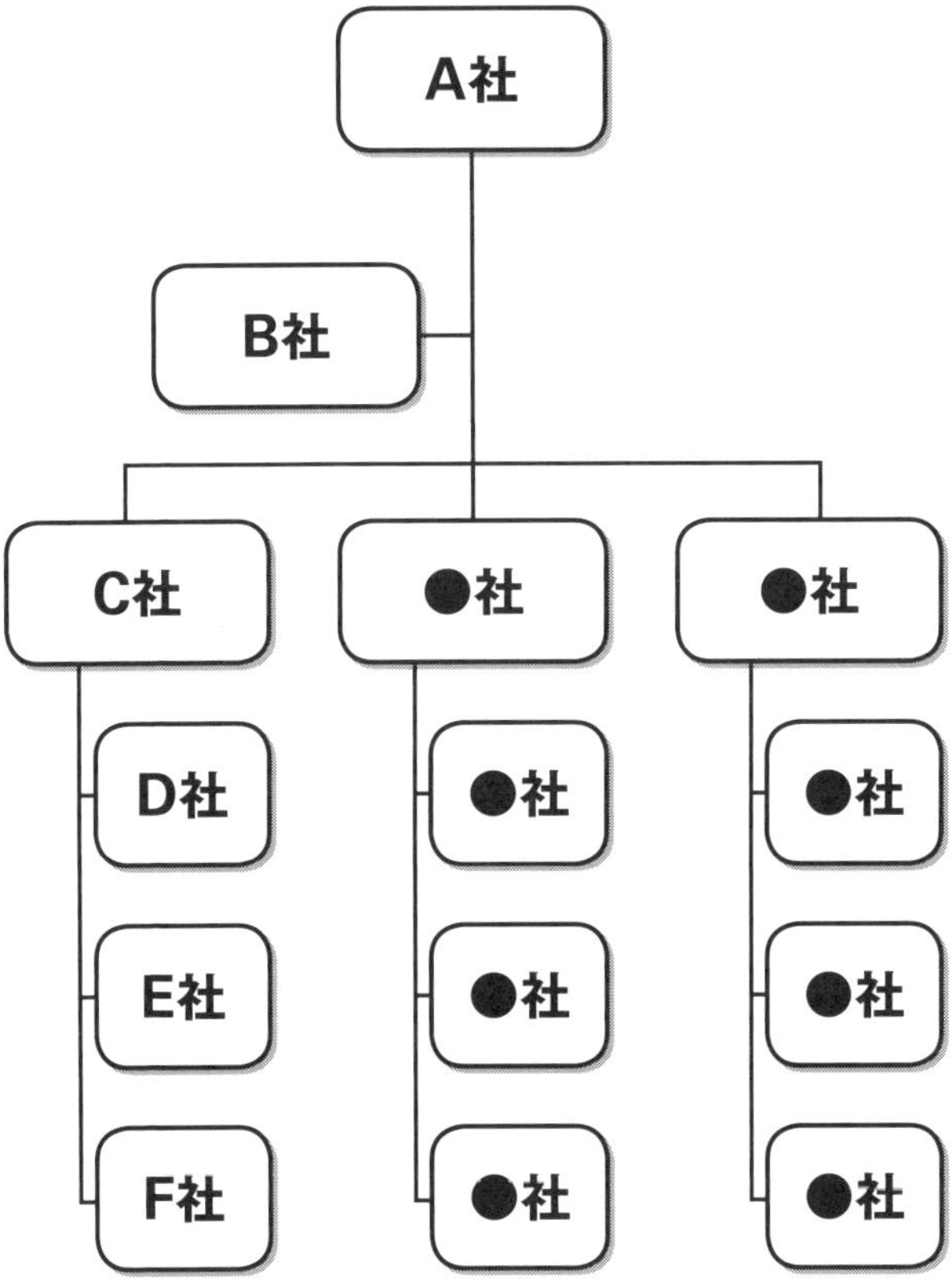

この場合、基本的にA社とB社は実務量が少ないにもかかわらず、受注金額の多くを会社の利益として取ったうえで、C社に仕事を出すわけです。

その後の下請け企業はどんどん単価が安くなり、工期も短いなかで必死に仕事をしないといけなくなります。

そんなある日、たとえばD社がB社から直接仕事をもらうべく営業をしたとします。

もしそれがC社にバレた場合、「B社との直接取引をしないでくれ」と言われるだけでなく、業界内に「あの会社は常識がない会社だ」と噂が回ってしまいます。

そのリスクを承知のうえで、商売の流れ（商流という）を超えることは問題ありませんが、知らず識らずのうちにやってしまった場合、「知らなかった」では絶対済まされませんので、気をつけましょう。

またそれ以外にも、業界によってはお中元、お歳暮、お年賀をやりとりする会社もあります。そういったところも、アトツギは意識しなければならないのです。

では、こちらも5段階評価をつけてみましょう。

## 【アトツギ力に関して5段階評価】

□レベル1　不安状態「アトツギ内容について知らない」
□レベル2　環境依存状態「アトツギ内容を聞いたことがある」
□レベル3　管理実行状態「アトツギ内容を試している」
□レベル4　自己完成状態「アトツギプランを実行している」
□レベル5　専門性獲得状態「いつでもアトツギができる」

要チェック！

以上の、「実務能力」「人事力」「財務力」「営業・マーケティング力」「アトツギ力」が、後継者の育成度がわかる評価テンプレートです。

最後に次のページの図を埋めて、あなたの重要課題について見直しましょう。

## 後継者の現在地シート

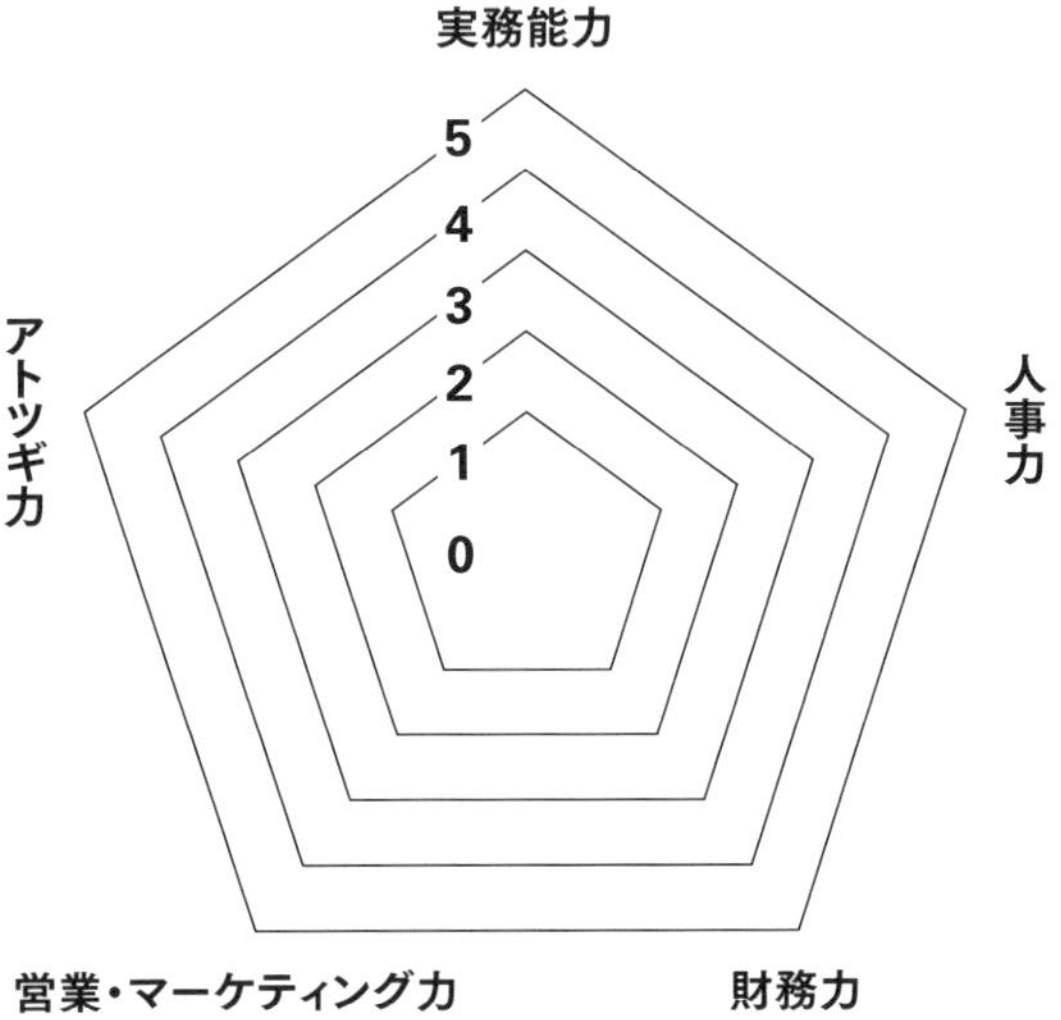


グラフに
記入して
みましょう

Chapter

# 5

# この5人を味方にする前に、会社を継ぐべからず

# 会社の心臓部！　5人のキーマンとは？

スムーズに会社を受け継ぐには、1人でやろうとするのではなく、5人の味方をつけてバックアップしてもらいましょう。会社を改革しようとしたら、思わぬ壁にぶつかることがあります。そんなときに力のある人から協力を得られると、よりスムーズに多くの成果を得られることは間違いないです。

では、どんな人がアトツギを助けてくれるのか？　それが次の5人。

**「会社の幹部社員」「メイン顧客のキーマン」「メイン取引先の社長や幹部」「メイン銀行の支店長や担当者」「税理士・会計士」です。**

彼らが何を考えているのか、彼らはどうしたら味方になってくれるのか？　そのことについて考えて実践をすれば、自分自身が一生かかっても得られないような能力を発揮でき、多くの時間を短縮することすらできます。

逆に言えば、会社経営は彼らの協力なしには、成り立ちません。

たとえば会社で改革をしようとしても、会社の幹部が、社長がやろうとすることに反対したらどうなりますか？　会社の改革が進まないだけではなく、会社内に派閥ができたり、最悪の場合、幹部が一斉に辞めて競争力を失い、倒産するということもあり得ます。

他にも、メインの取引先が自社への供給を急に止めたらどうなりますか？　他の業者をすぐに探せればいいと思いますが、同じ品質で、同じ納期で、同じ金額でやってくれる会社がすぐに見つかるでしょうか？　多くの場合は値段が高かったり、安いけど問題が多く発生して追加の管理費が発生したりするでしょう。

なので、このキーマンたちとの人間関係を誠実に築くようにしてください。

思わぬ成果や、新たな発見が出てくることと思います。

では、5人のキーマンの特徴や重要性について、具体的に見ていきましょう。

# ①　会社の幹部社員（番頭）の手引き

どんなに会社の改善案を考えても、実践できなければ無駄な努力になります。

組織において現場を回しているのは幹部社員。なので、いくら社長ががんばっても、彼らが反対したら会社に浸透することはあり得ません。

「社長が意味不明なことを言いだした」などと言われたらもっと深刻です。私の知っている会社でも、経営者のことを裏でバカにしている幹部がいます。経営者がいる前ではしっかりしているのですが、いないときには指示を守ろうとしません。

だからこそ、会社の改革にはしっかりとした幹部の協力が必要なのです。

いまいる幹部が理想ではないかもしれませんが、その人が明日からいなくなったらどうなりますか？　会社運営において多くの問題が発生するでしょう。

だからまずは経営者が、彼らの考え方や計画に耳を傾けてみることから始めなければなりません。そのうえで会社の将来を一緒に考えることができたなら、鬼に金棒です。

では幹部は、何を考えているのでしょうか？

タイプとして多いのは、責任をもって実務をこなすタイプです。計画性やルールを重視します。

**そのため彼らと話すときは、あなたのビジョンと計画・プランについて共有することが効果的です。**

そして日々、会社をよくするために何をすべきか？　どうやったら業務を効率的にできるか？　社員が育つには何をしたらいいのか？　自分は会社から何を求められているのだろうか？　など、さまざまな目標や課題を抱えています。

一方で彼らは、会社は自分を中心に成り立っているという自覚やプライドも持ち合わせます。そのため、仕事はできても、経営者の悪口を言っていたり、アトツギに変わった途端に態度が激変するような人も残念ながら見受けられます。そういった幹部の態度にアトツギが悩んだり、押さえつけすぎて不仲になったりすることすらあるのです。

これらは幹部に極端な悪意がない限り、多くの場合は単なる勘違いや、こまかな認識の違いが軋轢《あつれき》を生んでしまうことが原因です。

しかし、一度関係が傷ついてしまうと修復も大変なのは事実。

だからこそ、事前の準備や根回し、お互いの話し合いが肝となるのです。

失敗するパターンは、先代が幹部社員に、退任後の態度や方針について共有していなかった、幹部の仕事ぶりにアトツギが感謝や尊敬を表していなかったなどが多いでしょう。

**逆に言うと、互いの立場の違いさえ理解できていれば、不要なもめごともなくなります。**

ですので失敗しないために、経営者と幹部社員の違いについて理解しましょう。

まず、多くの経営者は会社をよくしたい、目標を達成したいと思っています。また、自分は会社で一番えらい社長であると思っている人も多いです。そして、社員は社長の言うことを聞くのが当たり前と思っている人もいます。

一方、会社幹部も会社をよくしたいと思っています。

さらに会社の中心としての活躍を、しっかり評価してほしいと思っています。

もし、アトツギの能力が低いと、「**黙って任せておいてほしい**」と考えたりします。

ただ、アトツギに自分がなろうとする人は少数です。

つまるところ、社長は社員に言うことを聞いてほしい。社員は自分の役割や能力を社長に認めてほしいということになります。


**そして、会社をよくしたいと思うゴールは一致しているのです。**


会社を長い期間運営していくと、仕事をすることは当たり前になってきて、お互いへの些細なコミュニケーションや感謝の気持ちが薄れていくことがよくあります。さらに男性同士だと、丁寧で繊細なコミュニケーションを取ることは稀です。

それらが積み重なったある日、ついに怒りが爆発し、「**あいつはわかっていない**」「**自分のことを信頼していない**」などと感情同士がぶつかることが、もめごとにつながるのです。

こうなったときには、まず相手と自分の認識を確認することが大切です。

経営者と社員では考え方が違うので、必ず誤解があるでしょう。

一度、立ち止まって相手の立場になってほしいのです。

そして幹部に対して質問をしたり、あまりにも関係が冷え込んでいる場合は、第三者を挟んで状況の聞き取りをすることが効果的。そのうえで「○○さんからみたら△△と感じられたのですか？」などと、お互いに腹を割って話す機会を設けてみてください。

このときのポイントはまず、あなたから幹部社員に対して心を開くことです。**そして、自分の弱さや不安に思っていることも話してみてください。**

相手は少し戸惑うかもしれませんが、あなたがそのように真剣に話し合いをしようとしてくれたことに感謝するでしょう。

もしそこまでするのが難しいようでしたら、第三者を通してメッセージを伝える（感謝や承認を与える）、話し合いではなく一緒にどこかに出掛けるなども解決策になります。

では、それぞれの役割とは何でしょうか？

まず経営者の仕事は会社の方針を決めて、そこに対して全体を動かしたり、営業・マーケティングなどを用いて、会社の業績に責任を持つことです。

一方、会社の幹部は、どのようにしたら仕事を効率的に回すことができるのか？　メンバーをどうやって教育していくのか？　についての仕事を委任されています。

**つまり経営者の役割は進路を決めること、幹部の役割はその進路をかなえることです。**

この役割については、明確にお互いが理解しておく必要があります。

前述したように「コミュニケーション＝コミュニケーションの量×コミュニケーションの質」です。なので、とにかく多くの時間を割いて、お互いの意見の違いや価値観について考えておく必要があります。

私の場合は、会社の幹部と毎週飲みに行って、どのような経緯で働くことに至ったのか？　会社にどんなことを求めているのか？　について意見交換をしっかりしました。

その際に、会社の将来を考えてくれていることがわかったので、私は残業を減らしたいとか、若手が働きやすい会社にしたいなどと思いを伝えました。

最初は「**会社の現状を考えると絶対に無理**」と言われたこともありましたが、会社の仕組みを変えたり、本気で変えようとメッセージを送り続けたおかげで、残業の大幅な削減にもつながりました。業務のなかでプレッシャーがかかってくると、お互い強い意見でぶつかることもありますが、前提を共に確認しているので、何かあった際でも、「**本音は違うのだろうな**」と感じることができます。

そして、あなたがもし会社の幹部に、実務の中心と管理のどちらも任せている場合。この場合、負担があまりにも大きすぎます。

仕事を中心で回すだけで、普通ならいっぱいいっぱいです。にもかかわらず管理まで任せているのであれば、経営者として彼らのサポートをしていかないといけません。

定期的に意見を聞く、会社の方針策定の際には必ず意見を拾い上げる、などを意識する必要があります。

そうすると継続的にいい関係を築けるだけでなく、会社の改革スピードも上げられます。会社の幹部の能力が会社の評価に大きく影響します。しっかりと取り組んでいきましょう。

**〈会社の幹部社員（番頭）の手引き〉**
**接するときのコツ：新しい体制について何をしたらいいのか徹底的に聞く**
**格言：恋人よりも時間を使って、信用を勝ち取れ**

## ②メイン顧客のキーマン（決裁権者）の手引き

ほとんどの会社は、メイン顧客が離れた瞬間に倒産や減益につながります。

しかし驚くことに、ほとんどの会社が、メイン顧客が永続的に存在することを前提にビジネスをしています。

私の知り合いの会社も、メイン顧客から見放されて廃業に追い込まれました。何十年にもわたっての付き合いにもかかわらず見放されたのです。最後は、「**安い仕事でも何でもやります**」と営業していたのですが、あきらめて廃業したようです。

どんなに技術があっても、どんなに優秀な社員が揃っていても、売上がなければ会社は存続することができません。

売上＝顧客による購入です。その購入の多くを占めるメイン顧客と、しっかり関係を築くのは当たり前です。多くの会社は、メイン顧客のおかげで企業として成り立っているとも言えます。

**そんな顧客のキーマンはどんな人かというと、会社の方針に関して権限を持っている人、決裁権を持っている人、将来的に要職に就くことが予想される人です。**

なぜなら彼らの意向次第で、発注状況に大きな影響があるためです。

もしアトツギになった瞬間に、そのキーマンとそりが合わなくて、他の会社に仕事の発注先をすべて変更されたら？　実際に私の会社でも、私が開拓した顧客が、注文をすべて私の会社に変えたため、仕事量が減った会社があります。

それがメイン顧客だとすると、どうでしょうか？　深刻な問題だと思います。

では、キーマンと良好な関係をどのように築けばいいのでしょうか？

**まずは、そのキーマンと自社の歴史を知りましょう。**

たとえば、どういう経緯で取引を始めたのか？　どれくらいの長さ（深さ）の付き合いなのか？　共にどんな仕事をしてきたのか？　共通の友人や頭の上がらない第三者がいるか？　などを理解しておく必要があります。なぜなら、何かしら交渉をする際やその人の分析に、必要となる情報だからです。

**そのうえで、彼らはどんなことを取引先に求めているのでしょうか。納期？　品質？　金額？　ロット数？　融通が利くかどうか？　これらについても理解しておかなければなりません。**

アトツギや新たな幹部に変わった瞬間に大口の顧客がいなくなった、逆に新たな大口先が増えたなど、これらは、このことを理解しているかにかかっています。

もしメイン顧客が何を求めているかわからない場合は、すぐにでも顧客に質問をしてください。次の質問リストが役に立つでしょう。

**【取引先に聞くべき質問リスト】**

・何を基準に取引先を選んでいるのか？（金額・納期・品質・サービス・その他）
・弊社の強みや気に入っている点は何か？

・弊社の改善点は何か？
・ほかに使っている会社はあるか？
・今後の事業の予想や動向は？

これらの質問をしてください。

そして彼らの望みを少しでも満たせるように、会社を改善させていくのです。これは弊社も実際に導入して、お客さまから大変喜ばれています。

またよくあるのが、先代はキーマンと人間関係ができていたのだけれど、アトツギになった瞬間、人間関係や信頼が崩れてしまったり、なめてかかってくるということです。

信頼が崩れてしまうのは、仕事のやり方が急に変わったり、品質が落ちることの他、感情面でのぶつかり合いが多いです。

**対策としては、受け継ぐ前に新たなチャレンジや方針を示しておくことになります。**

引き継ぐ前なら先代の影響力があるので、メイン顧客もあまりうるさく言いません。だからこそ、先代がいるときからの事業承継がおすすめなのです。

ただし、アトツギになった瞬間なめてかかってくる会社であるならば、そもそも本当にそこと付き合いたいかも考えてみる必要があります。

確かにメイン顧客は大切ですが、取引先を大事にしない顧客と無理に付き合うと、会社をつぶされる可能性もあります。なので、そこに関しては、そもそも論として他の会社と比較して、分析しなければいけません。

悪い会社の例としては、交代した瞬間に単価を下げろと主張してきたり、いままでやっていなかった仕事を無料で追加してきたり、無理ばかり言うようになった場合などです。

私は正直、取引先の利益について考えて長期的に取引をできない会社は嫌いです。

そんな会社を、仕事が忙しくなったり、外注先がなくなったときに助けてくれる人はいないと思います。なので、そのような会社から社員を守るのも、アトツギの大切な仕事です。

弊社の場合は、私のキャリアが浅いにもかかわらず、合理的に話を聞いていただけるメイン取引先でした。こちらの要望に関しても、それ自体が論の道筋が通っていれば基本的に承認してくれました。

**多くの場面で、「もしあのとき、こちらからの依頼事項を断られていたとしたら、いま**

の会社はないだろう」と感じることがあります。なので、業績の多くの部分を占めるメイン顧客との接点は大切にしてほしいと思います。

**また、もし取引先が多数あり特定のメイン顧客がない場合は、御社にとって一番の理解者、ファンは誰かを考えてみてください。**

同じ仕事をしても、より多くの金額を払ってくれる会社、こちらの事情も汲んでくれる会社、長期間取引をしていたり複数年契約をしている会社。これらの会社が、あなたが最も大切にするべき会社です。関係性を維持、拡大させていってください。

**〈メイン顧客のキーマン（決裁権者）の手引き〉**
**接するときのコツ：お金でなく、その人の問題をどうやったら解決できるのか、膝を突き合わせて話し合う**
**格言：顧客を理解して、顧客に理解されろ**

# ③ メイン取引先の社長・幹部の手引き

ある日、取引先がなくなったとしたらどうでしょうか？　あなたは製品をつくることも、サービスを提供することもできなくなります。一般家庭で言うなら、急に電気と水を止められたら、あなたはどうしますか？　ということに似ています。

それくらい当たり前に、あなたの身近にいるのが取引先やその会社の社員です。

会社として製品やサービスをつくっていく際、一社のみですべてをまかなうことはできません。仕入れ業者や各種取引先があって初めて成り立ちます。

そんな自分たちを支えてくれる取引業者のなかでも、最も自社の売上や利益率に関わる取引先との関係は、しっかりとつくらなければいけません。

たとえば、製造業でいうならば外注企業がこれにあたります。

この取引先（外注企業）に対して、多くの場合、仕事を出しているあなたの会社が発言力や交渉権を持っているでしょう。そのため、こちらがたとえアトツギだとしても、礼儀正しく丁重に扱われるかもしれません。しかし、もしアトツギがその人に対し、失礼な態度や不愛想にしていたらどうなるでしょうか？

外注先も、あまり波風は立てたくないですし、仕事を失いたくもないので、とくに口や態度に出してくることはないかもしれません。

しかし、確かなことがひとつあります。

**それは、取引先（外注企業）は気分よくその対応をしているのではないということ。**

そんなとき、外注先が他の大手と取引を始めて、「うちの仕事を集中的にやってもらえないかな？」と誘われたり、合併の話を持ち出されたら、どうするでしょう？

あなたの会社との関係性次第では、次の日からその会社と取引を開始し、あなたの会社との取引を終わりにするという可能性すらあるのです。

お互いの関係性があり、温情があれば、そのような話があっても、しっかり事情を説明されたうえで、ある程度の期間までは付き合ってくれることもあります。

いままでの時代は、売り手が力を持っていたかもしれません。

**しかし、これからどこかのタイミングで、その会社しかできない技術だとか、アトツギ不足で取引先（外注先）が多数廃業になり得ます。**

最悪の場合、あなたの会社を助けてくれる人がいなくなったり、競合がいなくなって高額な請求をされる可能性もあります。

だからこそ、相手の気持ちになって考えてみてください。

私も自分が仕事を受けたときに、一生付き合いたくないと思った会社がたくさんあります。たとえば、あまりにも単価が安くて会社として見られなかった会社や、不定期、短納期で安い商品ばかりを発注してくるような会社、発注者という立場を存分に活かして、高圧的な態度を取ってきた会社もありました。

**しかし、関係会社にとって、どちらが上とか下とかという概念はなくしたほうがいいと思います。**お互いに一緒に仕事をしていくパートナーとして役割を果たし、その会社のことを理解するように努めていってください。

そして、それらの関係会社の社長や幹部とコミュニケーションを取り、どんな哲学で仕事をしているのか？　何を求めているのか？　聞いていくことが重要です。

そうすれば、何かあったときにあなたを助けてくれたり、お金以外の部分であなたの会社との取引を継続してくれるかもしれません。

**〈メイン取引先の社長・幹部の手引き〉**
**接するときのコツ：興奮と熱意を見せてアピールする。「一生一緒にやっていきましょう！」などと思いを伝えられたら、なおよし**
**格言：いつまでも、いると思うな、メイン取引先**

# ④ メイン銀行の支店長及び担当者の手引き

急に銀行から借入金を返せと言われた……あなたの会社は生き残れますか？

ほとんどの日本の企業が、そんなことを言われた日には、倒産してしまうでしょう。

ただ、残念ながら経営者が変わるタイミングで、このように言われることもあり得るのです。会社の拡大や再生において、自分たちの資金力では賄いきれないタイミングで、銀行は大きな助けになってくれます。

将来のあなたの会社を信じて、先にお金を貸してくれるので、会社と銀行は切っても切れない関係と言えるでしょう。

その銀行のなかで、あなたの会社に直接的に関わるのが、支店長や担当者です。

私たちの会社も傾きかけていた際に、メイン銀行の支店長が追加の融資を決めてくれたおかげで、再建できたことがありました。

もしあのとき、我々の会社の可能性について当時の支店長が見てくれていなければ、いまの弊社はないといっても過言ではありません。

当時の決算書を見ると、よくこの内容で追加融資を出してくれたと、いまでも驚いています。だからこそ、しっかりと関係を築いたり、自分たちの会社の計画について伝えてほしいのです。

銀行を考えるときに、覚えておかなければいけないことがあります。

**それは、銀行の支店長や担当者が、基本的には2~3年で異動となることです。**

これは癒着を防止したり、いろいろな経験を積ませるために銀行が持つ仕組みです。

そのため、こちらから会いに行かない場合は、支店長や担当者とお会いすることなく、次の人への引継ぎがおこなわれているなどという可能性もあり得ます。

ただ、決算書を毎期終わるたびに提出したり、一定期間ごとに訪問して話をしながら、互いの人となりを知っておくことによって、いい引継ぎ方をしてもらうことができます。

融資に関しても、前の支店長の際には追加での融資が内諾になっていたのに、新しい支店長になった瞬間に話がすべてなくなる、ということもあり得ます。そうならないためにも、しっかりと関係性をつくっておきましょう。

**また、銀行は豊富な資金の他に企業情報やネットワークがあります。なので、新たな顧客が欲しい際や、困ったときに銀行に企業を紹介してもらえないか聞くのは、とても有効で賢い方法です。**

ただし、残念ながら銀行も商売ですから、貸しても返ってくる見込みがない会社には貸したいとは思いません。

お金を貸してくれないとあなたが嘆くのであれば、それはお門違い。自分のビジネスを見直して、現預金を貯めながら、利益を出せるように改善をしていきましょう。

**もし、何を改善したらいいのかわからない際には、コンサルタントにお願いするのもいいですが、銀行の担当者に聞いてみてください。**

どの数字を改善したら融資がしやすくなるのか？　そんなふうに聞いてくる経営者は多

くないですから、きっと教えてくれるでしょう。

銀行の担当者も、いくら貸せたかが成績につながるので、一緒に融資をもらえるように協力してもらうことすら可能です。なので、あなたの会社にできることなら融資をしたり、定期預金をしてもらったり、各種キャンペーンに協力してほしいと思っているのです。

お互いの求めているものを得るために、協力していってください。

**〈メイン銀行の支店長及び担当者の手引き〉**
**接するときのコツ：責任感があるところを見せて、段階的な計画を用意して話す**
**格言：金が欲しければ、もらえる会社になれ**

# ⑤ 税理士・会計士の手引き

会計士が会社をつぶす。そんなことを聞いたことがありますか？

経営者が初めて出会う士業の専門家は、税理士や会計士と言われています。

経営者の仕事は会社の業績に責任を持つことですが、税理士・会計士が言うことを、すべて鵜呑みにしてしまうこともあります。断言しますが、これは明確に間違いです。

なぜかというと、税理士・会計士は、経営者ができない高度な計算や試算表をつくるプロフェッショナルですが、経営のプロではないからです。

では、何のために必要なのか？

**それは、会社の複雑な税金の計算や法律に対応するためです。**

だから、これらについては基本的に専門家である士業の先生に代行してもらい、数字をしっかりと見てもらいましょう。もし士業の先生がいい加減である場合は、会社の存続に関わりますので、評判や普段の仕事ぶりもしっかりチェックしてください。

士業の先生は頻繁に変えるものではないので、会社との付き合いが長い場合がほとんどです。長いところでは、50年以上も同じ先生の事務所に監査を依頼している、なんていうことも珍しくありません。

これは、ただ単に何となく継続している場合があるので、アトツギに変わる際に、真剣な税理士・会計士に変えることも考えてみてください。

**また別の役割として、会社の将来を税務面などから客観的に分析し、アドバイスをくれる先生もいます。**弊社も会社が傾いた際には、士業の先生がいろいろなアドバイスをくれて、どうしたら営業活動が継続できるか、より成功可能性が高いやり方はあるのか？　などを数字や銀行の構造、会社の法律なども加味しながら説明してくれました。

専門家であり、先代との信頼関係があるので、アトツギの言うことには耳を貸さない場合も、士業の先生から聞くと意見がまったく変わるなんてことは、よくある話です。

逆に言うならばアトツギとして会社を受け継ぎたいのだけれど、先代がなかなか譲りたがらない場合には、かえって自分が話すより、なぜいま交代するのが合理的なのかを士業の先生を通じて言ってもらうことは、非常にパワフルな武器となります。

また、資金調達（銀行借り入れが中心）を検討するときも、自分自身にまったく知識がない場合は相談することができます。

さらに、規程（退職金規程や慶弔規程、旅費規程など）をつくる際も、ひな形を持っていて、無料で提供してくれることすらあります。

さらに、社員を採用するときにどのような手続きをしたらいいのか？　人が辞めるときにどうしたらいいのか？　社員が病気になったら？　会社が訴えられた際の弁護士の紹介や賃金制度は？　など、**会社の主な運用以外の補助的なサポートはすべて、専門家の先生に聞くのが一番の近道です。**

昔、村には長老がいて、何かわからないことがあると、みんながその長老のもとに知恵を授かりにいくという話がありました。

現代の長老が、士業の先生方になります。

とくにアトツギになるまでに十分な引継ぎをできなかった場合や、先代が各種制度や法律面に弱かった場合は、アトツギを助ける大きな役割を担ってくれるでしょう。ぜひ、普段から些細なことでも相談できるような関係をつくっていきましょう。

**〈税理士・会計士の手引き〉**
**接するときのコツ：彼らがプロだということに対して尊敬を示し、感情的にならずに話す**
**格言：正しい専門家に頼めば、正しい成果が保証される**

いかがだったでしょうか？　いままで漠然と仕事をしてきた関係者かもしれませんが、違った角度で見たり、彼らと協力できることがわかると、専門家があなたの周囲にいることに感謝や可能性を感じるでしょう。そのうえでぜひ、この章での学びを活かして、より発展した関係性をつくっていってください。

Chapter 6

# 二人三脚で行かなければ、零細企業に明日はない

# 激動の時代が、もう来ている

近年、アトツギがいなかったり、自分自身の子どもに継がせたくない（継ぎたいと思われない）ために、多くの会社が廃業に追い込まれています。

経済産業省によると、**この20年で、中小企業の経営者の年齢分布は47歳から66歳へ高齢化**しています。

悲しいことですが日本の経済成長は終わり、家業を継ぐという文化が失われつつあるため、今後もこの課題に関しての処方箋は見つかっていないのが現状です。

現在の状況は、後継者難などで毎年3万件近い企業が休業や廃業、解散している状態なのです（東京商工リサーチ調べ）。さらに、その半数が黒字というから、なおさら驚きが隠せません。これらの127万社がもし本当にすべて廃業すると、650万人分の雇用と、22兆円分の国内総生産（GDP）が失われると試算されているほどです。**これは人口で言うと、およそ5％の雇用、国内総生産で言うと約4％にものぼります。**

つまり後継者問題というのは、単なる1社の問題というよりも、日本全体の問題ということになります。

ただ、問題はこれだけに止まりません。

ロボット化やAIが発展してきて、いままであった仕事が突如なくなったり、窮地に追い込まれるような状況に、後継者は対応していかないといけないのです。

ただ普通に引き継ぐだけでも大変なのに、そのような時代を読みながらの新たなかじ取りが求められます。

だからこそ私は、なるべく早く経営にアトツギが関わるよう推奨してきています。

会社の規模が大きかったり、歴史が長ければ、それだけいろいろな注意点が出てくるのは至極当然ではないでしょうか。だからこそ現経営者とアトツギが同じ認識をもって、この問題に取り組んでほしいと願ってやみません。

しかし逆に考えると、このような時代だからこそそのメリットや、利益を拡大させる方策もあります。

たとえば、後継者がいないことで廃業する会社が増えるのだとしたら、業界における競合企業の数も減るということになります。

**つまり、これはシェアを伸ばして会社を大きくするチャンスです。**

実際に私の会社にも、廃業する取引先の代わりに仕事をしてほしいという依頼は年々増えています。

このチャンスで競合との差を逆転できるとしたら、ワクワクしませんか？

また、あまり一般に知られていないのですが、廃業するにもお金がかかるのが会社です。そこに社員がいるとすると、次の職場の斡旋も考えないといけません。

さらに、会社は自らが手塩にかけて育ててきた子どものような存在です。

だからこそ、その会社の場所や設備、そこにいる社員を残すために売却を検討する会社も少なくないのです。

**これまでは大きい会社がおこなうイメージのあったM＆Aも、中小零細企業のなかで広がっています。**

それによって社内ではどうしてもできず、断らざるを得なかった仕事の受注が可能になったり、規模の拡大や多角化によって予想だにしなかった成果を得られたりするチャンスができたのです。

いずれにしても、これらの流れに対してしっかりと準備をしておかなければ、**時代の波に飲まれて負け組**になっていきます。

現状の把握や新たな取り組みを、積極的に進めていきましょう。

# なぜ、あの会社はメディアから取り上げられているのか？

メディアに取り上げられると、会社の採用やブランディングに有利です。しかし、過去25年間、私たちの会社がメディアに出たことはありませんでした。そこでおこなったのが、メディア戦略でした。そして、さまざまな取り組みが評価され、ありがたいことにメディアへの露出が最近とても増えています。

では、どのようにしたら各種メディアに取り上げられるのでしょうか？

そのポイントについてお伝えします。

最初に取り上げてもらったのが、中部経済新聞でした。

これは、私が新聞に載りたいと言っていたとき、知り合いの社長から「**記者も取材先を探しているから紹介するよ**」と言ってもらえたことがきっかけです。実力ではなく、コネです。地方新聞は取材のネタを探しているので、こちらから営業しましょう。

掲載内容は、弊社の残業カットの方法と、職人の賃金向上計画についてでした。これまで旧体制の町工場では、仕事ができもしないのに給与について主張するなんてご法度でした。さらに、暴言や暴力すら蔓延している会社もありました。

しかし、人口の減少に伴う大手の人材囲い込みや教育体制の変化、若手社員の性質などを考えると、残念ながらそのやり方では人が定着することは見込めないでしょう。

弊社でもそのことについて真剣な議論がされ、若手社員にとって理想的な会社であろうと常日頃から意識を向けています。

たとえば、職人型の会社の給与は、仕事ができるようになった瞬間に著しく向上しますが、弊社の場合は、入社と同時に大手と同等の給与を支払っています。

さらには、キャリアの早期では昇給のペースを上げることにしています。

**なぜなら、仕事の楽しさを知る前に目先の給与の多寡で転職を考えるよりも、しっかり**

**と地に足をつけて仕事を学んでほしいと思っているからです。**

加えて、家族関連の行事に関しては、有給を取って参加してもらうことを積極的に推奨しています。

さらに、残業をカットするために毎週ミーティングをしたり、幹部社員の理解も求めるようにしていました。

これらの取り組みがメディアに注目されたことは、弊社にとって大きな意味がありました。

そして、財経新聞には弊社のユニークな社員教育も取り上げて頂きました。

弊社は溶接を主な生業とする町工場なのですが、ただ単に鉄をくっつける（溶接する）のではなく、「世界一社員が働きやすい町工場」を目指して会社経営をしています。

そのなかで取り組んでいたのが「溶接アート」というジャンルでの教育でした。

遊びを通して溶接や道具の使い方を学んだり、チーム対抗戦にして、チームビルディングを学習したりしました。

そんな折にインターネット上で、メキシコ大統領などにも溶接でつくった彫像を納品している、デビッド・マデロという世界的なアーティストを見つけ、この人しかいないと思いました。

何度もやり取りを重ねて「日本の若い職人にあなたの技術を教えてほしい」と交渉をしたところ、来日が決まりました。旅券やホテルの手配、送迎や食事の管理など多くの調整も必要ではありましたが、結果的に社員がキラキラして、いままでの想像を超える溶接アート（溶接による彫像）をつくってくれたことに、私自身も含めて社員も感動していたと思います。

また、弊社の持つ道路標識柱の製造ノウハウや溶接技術も見てもらい、「このような溶接はやり方がわからない」と言っていたので、弊社の技術を共有させていただきました。この記事はプレスリリースを打つことで、メディアに取り上げてもらえました。

さらに日本経済新聞やＮＨＫも、弊社と他の町工場が合同でおこなっている新規事業について取り上げてくれました。

これは町工場の経営陣があるイベントでたまたま出会ったことから始まりました。メンバーに共通することは、町工場のアトツギという点と、既存の事業のままでは将来、会社経営を継続していくことが難しいという危機感を持っている点でした。そんなメンバーと、工具をシェアリングするサービスを考えたところ、そのイベントで最優秀賞を取ることができ、事業化に向けて動いているサービスとなりました。

**いずれにしても、これらのメディアへの露出は、自分からアピールした結果得られたことです。**いままでと同じやり方、同じ行動をとっていれば、変化は起こりません。中小企業では、社長自身が「広報部長」として会社をアピールしなければいけないのです。

# 「トヨタ式人事制度」を活用せよ

新たな取り組みとしておすすめなのが、人材に投資することです。

トヨタ自動車の創業者、豊田喜一郎も、

「エンジニアは1日にしてできるものではない。有象無象が集まってできるものではない。数百人のエンジニアを保護し、生活の安定と研究の自由を与えることが必要であって、その経費も決して高いものではないと思う」

と言っています。

「世界一働きやすい町工場」を目指しているなかで、このトヨタの考え方の奥深さや、実用性にはいつも驚かされます。トヨタ式の製造やカンバン方式など、他の書籍でもたくさんありましたが、人材採用については、これまでなかったので、私たちはトヨタの人事コンサルタントの協力を得て、「トヨタ式人事制度」を開発しました。私がおこなっているコンサルティングでそれを見せたところ「**ここまで詳細に、どの会社にでも使える仕組みは素晴らしい**」と絶賛されています。

このやり方や考え方をあなたの会社に一部でも取り入れることができたのであれば、非常に大きな成功がすぐそこです。なお、実際の利用は本書の巻末ページよりダウンロードしてお使いください。

さて、前置きが長くなりましたが、さっそく「トヨタ式人事制度」の中身について見ていきましょう。

## ステップ1「ベース給与と賃金制度の策定」

はじめに、給与は期待する役割と共に年の初めに伝えます。新卒社員であれば、大手と同等か、可能であればそれ以上を出せるようにすると、採用の際には有利です。

そして、若いときから能力さえあれば高給を取れるようにしておきましょう。なぜなら世のなかの多くの人は、**入社3年ほどのタイミングで辞めてしまう**からです。

しかし、そのタイミングで辞めるのは、本人にとっても会社にとっても早すぎます。もし辞める理由が、会社の将来性や「**自分のやりたいことと違った**」などの理由であれば仕方ありませんが、「**給与が安いから**」という理由で辞められることは避けましょう。

なぜなら、せっかく投資や教育をして育ててきた社員が辞めるというのは、会社の将来に対してもよくありませんし、何より、また新たな社員を入れて教育する追加のコストもかかってきます。大手と違って、中小零細企業は、人の補填と採用に多くの労力が必要です。

もちろんコミュニケーションが十分に取れてさえいれば、離職が防げる場合もありますが、会社の仕組みとして、同業他社より給与を払っておくのは、ブランド力の低い中小企業にとっては必須命題だとも言えます。

業界の平均や同業他社の数字がわからないから、安いか高いかわからないという人もいるでしょう。そんな人は厚生労働省が発行している賃金構造基本統計調査（https://www.mhlw.go.jp/toukei/list/chinginkouzou.html）を参考にしてみるといいでしょう。

## ステップ2「長期給与計画とシミュレーション」

それらのベース給与が決まったら、毎年どれくらいの給与上昇率を目指すかということを考えてください。あなたが社員だとしても、給与の上がらない会社には居続けたくないですよね？　社員も同じように考えます。

弊社の場合1～2％を目標にしていますから、30年後も現在の利益水準だとして、この給与上昇率に耐えうるのかを考えなければいけません。

それが不可能な場合、どれくらいの利益を出さなければいけないのか？　それは時代背景を考えて、安全に見ても達成可能なのか？　そのことを考えてみてください。

もし少し挑戦的な目標であるならば、年間の給与上昇率を下げることをおすすめします。なぜならば、給与は一度上げたら下げることが難しいのと、会社の経費を圧迫する一番の要因はやはり人件費だからです。再度計算をして、破綻しない数字を練ってみましょう。

この給与計画のシミュレーションシートも巻末ページからダウンロードできます。

このシミュレーションは、本制度の肝となりますので、数字に強い人か、私に直接ご相談いただければと思います。

## ステップ3「社内承認システムと教育体制の強化」

次に、社員が働きやすいと思うには、もしくは自分の会社に誇りを持てるにはどうすればいいのか考えていきます。

具体的には、会社内のポジションを割り当てたり、経営情報の開示などをするのも有効でしょう。もしくは社内報などの広報誌で社員の活躍を取り上げるのも効果的です。

どれも効果がありますが、独特なのは、若手に工場長を任せて教育してみたり、溶接を使った美術品をつくったことでしょう。

持っている技術をどのように応用できるか、遊び心を持ち挑戦し、さらにできた品物をネットで公開したり、チーム対抗戦も組み合わせていきました。これによって、仕事への興味や人と共同するコツについてを学習できました。

## ステップ4「進捗確認とカイゼン」

最後に、これらのステップ1〜3を定期的に見直します。私も自分で設計して、そのときは完璧だなと思ったものを、すぐに変えたりすることが多々あります。なぜなら、多くの場合は会社の業績がいいときに（もしくは悪いときに）つくっているものであり、他の状況になると機能しなくなる場合があるからです。

そのため、自分たちに合う形を見つけるまで、どんどん変えていくのがいいと思います。社員から一貫性がないと言われないのか？　と聞かれることもありますが、初めから「**1年間の試用期間を経て、よければ本格導入します**」などと言っておけば、改革もスムーズにいくでしょう。

以上が、トヨタ式人事制度の構築ステップでした。

いかがだったでしょうか？　ご自身の会社ですでにやっていることや、いままでやりたいと思っていたけれどやれなかったこともあるでしょう。

もしくは自分たちの会社には合わないと感じる方もいるかもしれません。

ですが、どんな場合にも共通するのは、会社をよくするために制度をつくることです。制度をつくったからと言って、いい会社になるものではありません。しっかりと運用して初めて制度が威力を発揮するのです。ぜひ、その視点を忘れずにあなたの会社に取り入れ、実験してください。

確認してみよう!

## トヨタ式人事制度 成功のためのチェックリスト ☑

### ステップ1 「ベース給与と賃金制度の策定」

□同業他社の給与水準を把握しているか?
□能力が高い人は年齢に関係なく高い給与が取れるか?
□評価項目は、誰から見ても明確であるか?

### ステップ2 「長期給与計画とシミュレーション」

□給与は毎年少しでも上がるような計画をしているか?
□30年後でも同じ利益水準で、会社がつぶれないか?
□役員や社員の退職、採用計画についても考慮したか?

### ステップ3 「社内承認システムと教育体制の強化」

□社員がやっている仕事の意味を明確に理解しているか?
□未来投資である教育費にお金をかけているか?
□自社独自の取り組みを考えているか?

### ステップ4 「進捗確認とカイゼン」

□お試しであると社員に伝えてあるか?
□社員からの声を制度に活かしているか?
□毎年変えるという意識でおこなっているか?

# 社長が偉いと思っていたら、会社はなくなる

世の中には「社長＝偉い人」というイメージが蔓延しています。

しかし個人事業主や会社役員などを除くと、日本では5、6人に1人は経営者です。つまり、そこまで珍しい存在でもないということです。にもかかわらず、巷の飲み屋に行けば「〇〇社長、〇〇常務、すごいですね」ともてはやされます。

健全な経営者なら、「相手も仕事だから、気分がよくなるようなことを言ってくれているのだなあ」と気づくのですが、残念ながら話術にはまって散財を繰り返したり、自分が偉いという誤った信念を強化する経営者もいます。ですが、先ほども言った通り、星の数

ほどいるのが経営者です。昨日までサラリーマンをしていた人が、明日から社長になると言って簡単になれるのが経営者なのです。

だからこそ、世間的なイメージ（社長＝偉い人）に引っ張られることなく、「会社の方針を決めて経営数字に責任を持つ人」という役割として、経営をしていきましょう。

**そのように自覚と責任を持ったときに初めて、会社経営の奥深さや楽しさがわかるのではないでしょうか？**

私自身もそんな思いをもって、会社内の誰よりも、また業界内の誰よりも、経営について、会社のあるべき姿について考えていると自負しています。

もちろん、すべての項目について完璧にクリアしたとはまだまだ思いませんが、一定の成果が出ていることを見ると、努力してよかったと思います。

私も含めて、現在会社を経営している人や、これからのアトツギには、同じように責任と誇りをもって経営をしていただきたいと思っています。確かに実際に仕事をしていると、クレームを言われたり、理不尽だと感じられるようなことも多いと思います。

**自分が失敗していなくても、お客さまに頭を下げるのが経営者です。**

ストレスが溜まらないと言ったら嘘になるのですが、それでも続けられるのは、お客さまの喜びや期待を上回れた瞬間、社員が成長してくれる姿を見ることができているからだと思います。もし私が自分の利益だけを追求して、他の人のために行動しなかったらどうなるでしょうか？　優秀な社員から辞めていき、会社の技術力はどんどん低下し、「**ボンクラ息子の愚策**」と、他の会社や社員からバカにされるのがオチでしょう。

これからの時代の改革は激動の時代であり、そのなかで、いままでやったことがない施策や新たなチャレンジを、会社が一丸となって成し遂げなければいけないのです。

そんなタイミングにもかかわらず、勉強もしない、努力もしない、自分が一番偉いと勘違いしている社長だったらどうなるでしょうか？　いざ、改革をしようとしても誰もついてこないですし、そもそも普段から新しいことに挑戦する文化がない会社では、誰も改革についてこられません。

そうすると、あなたの会社はやはり競争力を失い、市場からの撤退がより現実味を帯びた形となり現れます。そうなる前に普段からの関わり、経営者としての心構えの意識改革が必要となってくるのです。

# 「お前に任せる」と言わせる事業承継

なるべく早く事業承継をしたい。そのように常日頃から言っている経営者でさえ、いざ引き継ぐ瞬間になると、後ずさりをしてしまうことは多くあります。

いろいろな理由がありますが、我が子のように思っている会社を、他の人に任せることへのためらいが大きいように感じます。

「本当に銀行や顧客とうまくやっていけるのかな?」

「社長になったときにプレッシャーに押しつぶされないかな?」

と両方の子ども（実の子と会社）に関して心配なのです。

でも、経営を降りた瞬間に役割を失うのでしょうか？

もちろんそんなことはありません。

経営から降りてもアドバイザー（会長）として会社内に残る方も多くいますし、逆に言うと、いままでの数字に対して責任を負っていた立場から、一歩引いて会社の将来を見通すこともできます。親子間であれば、子どもの成長や経営手腕を見守るというのも自分の役割だと腹落ちする方もいるでしょう。

また、他の会社のアドバイスをしたり、新しい事業に挑戦することもできます。いわゆる第二の人生というものを楽しむことができるのです。

アトツギがやるべきことは、そんな心配をしてくれている親に安心してもらうこと。そして「自分以上に子どものほうがうまく会社を成長させられる」と思わせることです。ただし、初めからはどのアトツギもうまくいきません。よく「まだ任せるまでの能力や心構えが揃っていないから引き継がない」と言う先代もいます。

**その場合は、現経営陣の要求水準が高すぎるか（いまの自分と同じくらいできるようになったら引き継ごうと思う）、後継者の適性が低い場合が考えられます。**

前者に関して言えば、5年以上会社の業務に従事していれば、経営者予備軍としては十分な準備期間だと思います。にもかかわらず自分と比較して能力不足を嘆いているのです。

このパターンの場合、現経営者を超えることはほとんど無理なので（現経営者がつくった人脈やシステムで運用している会社で、経営をすることなく、現経営者を超えなければならないため）、水準の見直しと、少しずつ任せていく必要があります。そうするなかで、少しずつ経営に関しての感覚や、嗅覚を磨いていけるのです。

さらに後者については、もしかしたら引き継いではいけない可能性があります。

とくに実務面で会社の足ばかり引っ張っていたり、学習意欲がない、他の人と関わるのが好きではない、などの項目が複数当てはまる場合で、少し体験しても成功の可能性が極めて低い場合は、他の後継者候補を探すか、企業売却などの手法を考える必要性が出てきます。

実務能力だけでなく、顧客や社員との人間関係や信頼関係も引き継がないといけませんが、このなかで「お前に任せる」と言ってもらえる後継者の条件は、「**自分自身が継いで、会社をよくすると腹をくくっている**」かどうかだけです。

「引き継ぐと決めているのに、任せてもらえない」という声も聞きます。厳しいようですが、それだけ本気度が伝わっていない場合がほとんどだと思います。

あなたは、社員に裏切られても会社を続けますか？　会社の取引先がある日なくなったり、リーマンショックのような世界恐慌が起こっても、立ち向かっていくような気概はあるでしょうか？

**最終的にあなたに任せたいと思うかは、あなたのその覚悟だけです。アトツギ力は決断力です。**

そう言いながら、私自身何度も心が折れたり、もう辞めたいなと思うこともありますが、やはりあきらめない理由があります。

それは、一緒にがんばってくれる社員の存在や、自分の可能性を信じてくれる仲間、期待してくれる顧客や取引先、自分に任せてくれている父の存在、そして何より自分の人生を最高のものにしたいという思いが、自分を突き動かしているのだと思います。

私もまだまだ人のことを言えた身分ではないですが、今後の日本の経営は、やはりアトツギがどれだけ先代の経営資源を活用できるかにかかっていると思います。

本書ではいろいろな方法について論じましたが、私の考えるアトツギが事業承継を成功させる究極のスキルを最後にお伝えします。

それは、「**感謝すること**」です。起こった出来事に感謝をしてください。アトツギという立場で人生修行できる環境に感謝をしてください。支えてくださるみなさまがいることに感謝をしてください。

あらゆる出来事が、あなたを成長させ、学ばせるために起こっているとするならば、いい悪いにかかわらず、すべての出来事に感謝ができます。感謝をなくしたら、この本でお伝えしたすべてのテクニックを総動員しても、虚しいだけでしょう。

そして、新世代のアトツギとして、会社を改革して、業界を引っぱり、日本の未来をつくっていきましょう。

Epilogue—

# 日本的な常識から、飛び出すときが来た

日本には儒教の考え方が古くから伝わり、年長者を尊敬し、思いやるという素晴らしい文化があります。その影響もあり、経験年数が長いということに、安心感を覚えている人が多いのかもしれません。

経営に関してもその傾向が表れ、海外と比較した経営者の平均年齢は、日本がなんと約8歳も高くなっています。

つまり世界基準で考えるのであれば、日本で言う「若いから受け継げない」という考えが、いかに狭い世界を見ているものなのかが、再確認できます。

また、仕事ができるようになるには実務に携わらなければいけません。自転車に乗る練習をせずに乗れるようになった人がいないように、いくら勉強していても、実際に経験を

しなければ、マスターすることはできないからです。

だからこそ、**「経営者にふさわしくなったら引き継ぐ」**という発想自体に、筋が通っていないとも言えます。

確かに、ある程度の実務経験やマネジメント経験があったほうがスムーズな引継ぎになりますが、そんなことを言っているとタイミングを逃します。

経営というのは多くの人にとって手探りで未知なるものです。だからこそ、経験があるからと言って必ずしもできるわけでもありません。一番大切なことは、経営自体に興味を持ち、自分以外のメンバーの力を借りながら、いかに会社の業績をよくできるのかについて考えていくことに他なりません。

本書では、私が引継ぎをしていくなかで実際に苦労をしたり、うまくいったことを書かせていただきました。なかには恥ずかしながら失敗した経験も掲載させていただきましたが、それらを反面教師として利用してほしいと思います。とくに親子関係の引継ぎでは、実際の能力について議論されるというよりも、むしろ親子の関係性で感情的なぶつかりがあることがほとんどでしょう。

残念ながら、親が子をねじ伏せて意見を言わせなかったために、子に考える力がなくなっているように見える会社もあります。

いずれにしても、現経営者は受け継いでくれる対象がいることに感謝をし、初めから自分と同じレベルの仕事ができることは期待しないでほしいのです。

とくに初代の経営者はカリスマ的な方が多く、そのレベルを後継者に求めるのは無理があります。だからこそ、後継者のやりたい方向や能力を最大限に引き上げるための支援をしてあげてほしいのです。

またアトツギも、いまのポジションは決してあなたがつくったわけではないことを忘れないようにしてください。会社の歴史のなかで多くの関係者がつくってくれた集大成がいまの会社です。いままでの経営者や従業員を否定するのではなく、どうしたら自分がその方々の期待に応えながら今後の時代を切り拓いていくことができるのかについて意識を向けてほしいのです。

そして、いいところはそのまま受け継ぎ、時代と共に改善が必要になった項目に関しては、他のメンバーとの話し合いを重ねながら改善していってほしいと思います。

かくいう私も、どれだけ経営ができているのか、本当にこの経営方法がベストなのかと聞かれると、どうなのかな？　と思う瞬間もあります。「あの決断は間違いだったな」と思うこともたくさんあります。ただそのなかでも、絶対に自分がこの会社をよくするのだということだけは忘れずに、必死に取り組んでいます。

まだまだ勉強と経験を積んでいく身であると自覚しております。

ぜひ、うまくいった事業承継や、経営手法がありましたら、意見交換をさせていただければ幸いです。本書が事業承継に悩んでいる経営者や、アトツギ候補の指針になり、悩んだ際の助けになれば幸いです。


最後に、私に経営の機会をくれた父の野見山勢次郎、経営のイロハについて私に多くのアドバイスをしてくださった有限会社大江製作所代表取締役の大江博志様、借金で途方に暮れていた私に的確なアドバイスと、人脈をつないでくださった株式会社ジョブウェブ会長の佐藤孝治様のおかげで、多くの挑戦と成功を得ることができました。ありがとうございます。

また、私が世間に対してこのように発信できるきっかけをくださった、ワールドクラスパートナーズ株式会社代表取締役大森健巳様をはじめ、出版社とのご縁をつないでいただきました齋藤貴彦様、業務全体を支えて頂きました伊熊知子様、二階堂由貴様、及びスタッフの皆様の多大なる協力と、ご支援に心から感謝します。さらに、この度の機会をいただきました、きずな出版の小寺裕樹編集長に、心より感謝申し上げます。

そして、いつも陰で支えてくれる妻の千尋へ、ありがとう。

今後の日本を変えるのは後継者です。

そのためのたすきリレーを、一社でも多くの会社が成功してくれることを願っています。

「会社経営の一番のチャンス。それは事業承継である」

野見山　勇大

著者プロフィール

## 野見山勇大（のみやま・ゆうた）

愛知県立大学外国語学部卒業後、2代目として溶接会社に就職。会計士から不可能と言われた融資を取付けて会社を再建。賃金、社内制度の抜本的改革をおこなったことにより、入社後の離職率は5年間で0%を誇る。世界最先端の交渉、営業、マーケティングを学び、顧客数を12倍に増やし、安定的な受注量の確保に成功。給与水準は30%アップにもかかわらず、残業時間は20%カットに成功した上で過去最高益を達成。テレビや新聞、ラジオなどからも多数の取材を受ける話題の2代目経営者。本書がデビュー作となる。

お気軽にご連絡ください
company@seiwa-welding.jp

# 会社を殺さないための「事業承継」の教科書
## ―最高の2代目は、いかにして完成するのか

2018年12月1日　第1刷発行

著　者　　野見山勇大

発行人　　櫻井秀勲
発行所　　きずな出版
東京都新宿区白銀町1-13　〒162-0816
電話03-3260-0391　振替00160-2-633551
http://www.kizuna-pub.jp/

協力　　ワールドクラスパートナーズ株式会社
ブックデザイン　　池上幸一
印刷・製本　　モリモト印刷


ISBN978-4-86663-054-0

きずな出版

＼＼ いますぐ手に入る！ ／／

『会社を殺さないための「事業承継」の教科書』

# 読者限定無料プレゼント

PDF

## ・トヨタ式人事制度の概要書
## ・給与体系のシミュレーションシート

本書のなかで「トヨタ式人事制度」について
学んでいただきました。
この学びをより具体的に落とし込んでいただくために、
「トヨタ式人事制度の概要書」と
「給与体系のシミュレーションシート」の
PDFをプレゼントいたします！

ぜひご自身の会社にて、ご活用ください。

**無料プレゼントはこちらにアクセスして入手してください！**

http://www.kizuna-pub.jp/jigyosyokei_gift/

※PDFはWEB上で公開するものであり、冊子をお送りするものではございません。あらかじめご了承ください。